影响孩子一生的（彩图版）

中外名人成才故事

Celebrity Stories

主编/龚 勋

军事将领

江西教育出版社
JIAOKI EDUCATION PUBLISHING HOUSE

为你打造
一所成功学院

　　每个人都梦想成功，每个人都有成功的潜能，但不是每个人都能成功，只有掌握成功的秘诀才有可能获得成功。那么，从哪里可以学到成功的秘诀？从本系列图书开始，你将步入一所不同凡响的成功学院，这里的老师个个都是其所在领域中创造历史、改变历史的精英人物。

　　"影响孩子一生的中外名人成才故事"系列汇集了古今中外数百位名人，既有雄韬伟略的领袖，又有勇猛无畏、叱咤风云的军中豪杰；既有睿智深刻的哲人，又有孜孜追求真理的科技英杰；既有笔耕不辍的文坛俊杰，又有创造精湛艺术的杰出代表……他们将带领孩子们去回顾他们的成长历程，将他们博大精深的智慧传授给孩子们，更重要的是带孩子们体验和领悟他们那种为了理想执著追求的勇气和精神。

　　这些名人们的成长积累下丰富的成功经验，是帮助我们走向成功的一条捷径。只要我们认真学习、深刻领悟，我们也会像这些名人一样，通过不懈努力一步步走向辉煌！ Celebrity

总有一种力量
让我们前行……

在人类社会各个阶段中，总有着一些与众不同的人物：他们具备睿智的目光，拥有深邃的思想，蕴藏超人的智慧，具有追求真理的精神……在无法逆转的社会进步大潮中，他们用自己的杰出贡献在人类历史上留下了一串串不可磨灭的印迹。

但是，名人不是自然生成的，他们也曾和我们一样默默无闻，也曾在迷惘与困顿中徘徊……但是，他们的坚毅品性、过人胆略、恒定信念与执著勇气，使他们熬过了人生的严冬，迎来了生命的春天。

本系列共八册，从人类历史中筛选出具有代表性的数百位精英人物，按领域分为政治领袖、军事将领、圣哲名师、科技英杰、文学泰斗、艺术巨擘、名家名流、发明大家，以生动的故事形式分别讲述了他们的成长、成才历程，让孩子们在轻松、愉快的阅读中体验名人们在政治活动中的雄韬伟略，在战争环境下的雄风与智谋，在哲学伦理中的深邃与博大，在文学艺术中的激情与创造，以及在科学技术中的严谨与神奇。与此同时，孩子们也能从中受到激励、启发和教益，从而充实自我、提高自身修养，树立远大的志向。

相信读完本系列书后的你会从名人的身上，找到鞭策自己前进、激励自己奋斗的动力。Celebrity

战争与智谋碰撞出的
精彩传奇

在人类社会前进的历史上，战争发挥了不可低估的作用，而那些在战场上叱咤风云的军事统帅们更是左右着战争的发展，谱写着人类历史的进程。他们或率领大军纵横沙场，歼敌如摧枯拉朽；或坐镇后方运筹帷幄，决胜于千里之外。他们的骁勇善战，他们的金戈铁马，他们的挥斥方遒，以及他们立下的赫赫战功都令后世敬仰与赞叹。

孙武写就《孙子兵法》，为吴国成就霸业；项羽破釜沉舟，一举击败秦朝大军；岳飞气壮山河，一生抵御金兵；邓世昌视

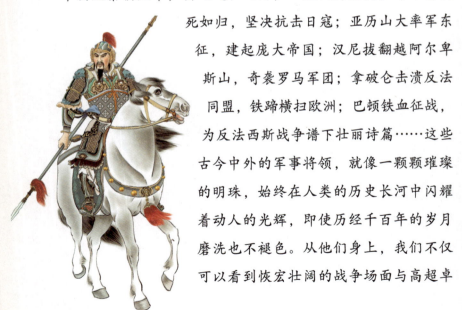

死如归，坚决抗击日寇；亚历山大率军东征，建起庞大帝国；汉尼拔翻越阿尔卑斯山，奇袭罗马军团；拿破仑击溃反法同盟，铁蹄横扫欧洲；巴顿铁血征战，为反法西斯战争谱下壮丽诗篇……这些古今中外的军事将领，就像一颗颗璀璨的明珠，始终在人类的历史长河中闪耀着动人的光辉，即使历经千百年的岁月磨洗也不褪色。从他们身上，我们不仅可以看到恢宏壮阔的战争场面与高超卓

伦的战争指挥艺术，还可以看到坚强的意志、奋斗的决心与不懈的努力。品读名将们的人生，就是品读一部部精彩传奇。

　　更重要的是，名将们的成长与成名经历，是一笔笔重要的精神财富，可以给予我们成长的力量和成功的经验。为此，我们精心采撷了30位世界上最著名的军事统帅的成才故事，编写成这部《军事将领》，配以大量精美插图和历史图片，让孩子们领略古今中外将帅们的风采，解读他们的成功密码，去打造自己成功、精彩的人生。 Celebrity

目 录

CONTENTS

Successful life

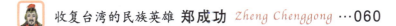

站在名人的肩膀上，
让我们懂得更多，看得更远……

兵家的祖师
孙武

人物档案

姓　　名：孙武
生 卒 年：前6世纪中后期~前5世纪
籍　　贯：齐国乐安（今山东广饶）
身　　份：军事家
重大成就：著有《孙子兵法》

　　孙武出生于齐国的军事世家，早在少年时代，他就对军事有着极浓的兴趣。他阅读过很多兵书，诸如《太公兵法》《老子兵录》《管子兵法》等，他都悉心研究过。每当遇到亲历过战争的人，孙武就一定要向人家打听战争的情形，请教作战的经验，然后将自己的心得体会刻在竹简上。除此之外，他还到一些战场进行实地考察。经过长时间的积累，孙武形成了自己的一套军事理论，写成《兵法》十三篇。

　　当时，战火频仍，孙武为了避难，来到了吴国。吴王阖闾读了他的《兵法》十三篇，赞不绝口。为了考察他的真实本领，吴王又从宫中挑出180名宫女，交给孙武演练。

　　孙武将这些宫女分成两队，并让吴王最宠爱的两个妃子为左右队长。演练开始，孙武三令五申，讲明军纪，但两个妃子自恃有吴王的宠爱，不听孙武的号令。孙武为树立军威，毅然斩了两名妃子。其余宫女见状，个个吓得胆战心惊，再也不敢不听号令，行动皆符合规法。不久，孙武就演练出一支阵形齐整的女兵队伍来。

　　吴王虽对孙武斩了自己的爱妃不满，但见孙武果有治军才能，便拜他为将军。孙武对吴军进行了严格训练，大大提高了吴军的战斗力。在与楚国的争战中，孙武制定了一套扰楚、疲楚的策略，完全掌握了战争主动权。公元前506年，孙武率军出其不意地攻入楚国腹地，用3万兵力对抗楚国的20万大军，五战五胜，最后占领了楚国的都城郢，几乎灭亡了楚国。

　　公元前494年，吴国与越国争霸，双方大军在夫椒（今江

苏太湖洞庭山）相遇。为扰乱越军军心，夜间孙武让两队吴兵高举火把，从两翼迅速向越军阵地移动，并呐喊高呼。夜幕下火光连成一片，喊杀震天，越军见了惊恐万状，军心大乱。孙武趁机发动攻击，大败越军。从此，吴国取得了南方的霸主地位。

后来，孙武隐居深山，专心研究兵法，他将自己的《兵法》十三篇加以修订。这部著作流传后世，后人称之为《孙子兵法》。在《孙子兵法》中，孙武提出了"知己知彼，百战不殆""攻其不备，出其不意"等著名军事理论，他被古今中外的军事家一致尊为"兵家之祖"。

成功密码

孙武的成功首先在于他对军事的无限热爱，并孜孜以求，不断探求战争制胜之道。其次，在作战中，孙武善于分析敌我形势，采取合理的作战方针，进而发挥他卓尔不群的军事才能。就是凭着对军事的热爱、学习和不断研究，孙武才奠定了自己在中国军事史上的重要地位。

爱兵如子的将军
吴起

Wu Qi

人物档案

姓　　名：吴起
生 卒 年：?~前381
籍　　贯：卫国左氏（今山东定陶西）
身　　份：军事家、政治改革家
重大成就：为魏国据守西河，著有兵书《吴起》

　　吴起是战国时期的卫国人，与孙武齐名。他很有治军才能，喜好用兵。起初，吴起为鲁国将领，因遭到猜忌而投奔魏国，魏文侯任命他为西河（今陕西合阳一带）守将，以抗拒秦国与韩国。

　　公元前409年，吴起率军攻打秦国的临晋（今陕西大荔东）、元里（今陕西澄城南）二城。第二年，他攻下秦国的至郑（今陕西华县）、洛阴（今陕西大荔南）等地，尽占秦国河西之地。之后，吴起任西河郡守。

　　他共与各诸侯国大战七十六次，全胜六十四战，拓地千里，使魏国成为战国初期的强大诸侯国。

吴起以善于用兵而闻名于诸侯国，最重要的是他能爱兵如子，与将士同甘共苦。他做将军时，和最下层的士卒穿一样的衣服，吃同样的饭菜，睡觉的时候从来不铺席子，行军的时候从来不骑马坐车。他还亲自背干粮，和士卒们共同承担劳苦的工作。一次，一个士兵背上生了疮，病情非常严重，吴起听说后就亲自到营帐去看望他。令众士兵吃惊的是，吴起竟撩起这个士兵的衣服，用嘴为他吸起疮上的脓血来。

这个士兵的母亲听说这件事后，大哭不止。别人非常不解，问："你的儿子不过是个小兵，而将军亲自为他吸去脓血，你为什么要哭呢？"这位母亲回答说："以前，吴将军也为孩子的父亲吸过脓血，结果他父亲打仗时非常拼命，总是义

■ 古代的大弩。

无反顾地往前冲，不久就战死了。

现在，吴将军又为我孩子吸脓血，我不知道他又将在哪里战死了，所以才哭啊。" 这件事足以说明吴起对士兵的关爱，他也正因此而得到士兵们的拥护。

吴起强调兵不在多而在"治"，还首创了考选士卒的办法。凡是能够身穿全副甲胄，执12石的弩（石指弩的拉力，一石约今60千克），背负50支箭矢，又佩剑扛戈，携3天口粮，在半日内能跑完百里的士兵，吴起都将其选为"武卒"。他对"武卒"进行严格的训练，将他们训练成魏国的精劲之师。

吴起治军严谨，主张严刑明赏，更善于鼓舞士兵的士气。公元前389年，秦国调集50万大军攻打河西，在要塞阴晋（今陕西华县东）布下营垒，形势危急。吴起率领一支精兵驻守在河西，他请国君魏武侯举行庆功宴会，让立上功者坐前排，使用金、银、铜等贵重餐具；立次功者坐中排，贵重餐具适当减少；无功者坐后排，不得用贵重餐具。宴会结束后，吴起还在营门赏赐有功者的父母妻子，对死难将士的家属，也派使者慰问。此法一行，立即有数万名魏军士兵自动穿上盔甲，

Celebrity stories

要求作战。而吴起挑选5万名没有立过功的人作为步兵，由他亲自率领去反击秦军。魏军与秦军在阴晋展开决战，魏军个个奋勇杀敌，以一敌十，最终将50万秦军杀得大败，取得辉煌战绩。

■ 战国时期的甲胄。

　　通过吴起的数年经营，魏国牢牢控制了河西地区。后来，吴起到楚国帮助楚悼王实行政治、军事变法，也取得了很大的政绩。他将自己多年指导战争的经验，深化为军事理论，写成《吴起》一书，流传后世。**Celebrity**

成功密码

吴起身体力行，与将士同甘共苦，并以实际的行动关爱士兵，促使其甘愿奋勇杀敌。其次，吴起治军严谨，功必赏、罪必罚，尤其注重用激励的办法来鼓舞士气，使自己的军队在士气上绝对压倒敌军。同时，他还善于因材治军，发挥优秀士兵的最大能量。这些都是他成为一代名将的重要因素。

身残志坚的军事家
孙膑

Sun Bin

人物档案

姓　　名：孙膑

生 卒 年：? ~前316

籍　　贯：齐国阿、甄一带（今山东阳谷东北）

身　　份：军事家

重大成就：创"围魏救赵"战术，著《孙膑兵法》

　　孙膑是孙武的后人，年少孤苦，后来拜当时很有名的隐士鬼谷子为师，学习兵法。孙膑天资聪颖，加上他刻苦学习，很快就显示出非凡的军事才华。

　　与孙膑同时跟随鬼谷子学习兵法的还有一个人，名叫庞涓。庞涓虽然也有些天赋，但终比不上孙膑。他心里很嫉妒孙膑，表面上却不表露出来，与孙膑以兄弟相称。

　　后来，庞涓做了魏国的大将，有了很高的声望。但他想到自己的才能不及孙膑，如果将来孙膑出山，声名一定会超过自己。于是他将孙膑骗到魏国，对他施以酷刑，挖去了他的膝

Celebrity stories

盖骨，使孙膑成为残废。孙膑明白了庞涓的险恶用心，便装疯卖傻，后来在齐国使臣的帮助下，逃到了齐国。

　　孙膑到齐国后，受到齐国大将田忌的礼遇。齐国的君主齐威王非常喜欢赛马，经常与田忌进行比赛。田忌每赌必输，孙膑了解了情况后，叫他用调换马的出场顺序的方法，一下子赢了齐威王。齐威王得知实情后，非常惊奇，遂向孙膑讨教兵法。孙膑的军事见解让齐威王深深折服，从此便称呼孙膑为"先生"，以老师相待。

　　公元前354年，魏国派庞涓率兵攻打赵国，赵国的都城邯郸遭到魏军的围困，赵国急忙向齐国求救。第二年，齐国任田忌为帅，孙膑为军师，出兵援助赵国。按照田忌的意思，要率军直奔邯郸，速解赵国之围。但孙膑却不赞成这种硬碰硬的战法，他提出应趁魏国国内兵力空虚的时机，发兵攻打魏国都城大梁（今河南开封），到时魏军一定会被迫撤军，回救大梁。这一战法将避免齐军长途奔袭的疲劳，又会使魏军处于奔波被动之中。田忌采纳了孙膑的建议，率军杀往大梁。

果然，魏军好不容易攻下邯郸，却传来齐国重兵压境的消息。庞涓顾不得休整部队，急忙率领大军奔回大梁。不料，他行至桂陵（今河南长垣西北）时遭到齐军的伏击。魏军长途劳顿，士卒疲惫不堪，哪里还敌得过以逸待劳的齐军？结果魏军被打得落花流水，大败而逃。魏国只好同齐国议和，乖乖地归还了邯郸。这就是历史上有名的"围魏救赵"之战。

10年后，庞涓又带领10万大军进攻韩国，韩国也向齐国求救。齐威王再次派田忌和孙膑出征。这一次，孙膑又采取"围魏救赵"的战略，让田忌率军攻打魏国都城大梁，迫使

■《孙膑兵法》图影。

魏军撤韩国之围。并且，孙膑利用庞涓急于同齐军交战的心理，刚一接触便引军向东撤退。撤军途中，孙膑还让军士不断减少做饭的锅灶，使庞涓误以为齐军胆小，很多人做了逃兵。庞涓果然上当，只率领轻骑兵追赶齐军，结果在马陵（今河北大名东南，一说在今河南范县西南）遭到齐军主力的伏击。魏军大败，庞涓身负重伤，最后拔剑自刎。

马陵之战后，魏国元气大伤，齐国夺得争霸的主动权，而孙膑也因此声名大震。后来，孙膑为了避祸流亡楚国。他在楚国潜心研究兵法，将自己的军事理论归纳总结，写成流传后世的军事名著——《孙膑兵法》。

成功密码

孙膑才华出众却遭人忌恨，被元端处以膑刑，成为终身残废。但他没有因此一蹶不振，自暴自弃，而是耐心等待时机，寻找施展才能的机会。在与魏军对战中，他善于分析敌军心理，采用迂回战术，出奇兵而见奇效。他的坚忍品格与卓越才能使其名扬天下。

歼灭战的始祖
白起

Bai qi

人物档案

姓　　名：白起

生 卒 年：？~前257

籍　　贯：郿（今陕西郿县）

身　　份：军事家、统帅

重大成就：攻城略地，为秦国扩张立下赫赫战功

　　春秋时期，秦国原本只是一个地处西陲的小国，但到了公元前356年，秦孝公任用商鞅进行变法，秦国便逐渐变得强大起来。从此以后，秦国不断向外扩展势力，成为战国时期的"虎狼之国"。在秦国攻伐四方的时代，有一位不得不提的将军，他就是白起。

　　白起出身于行伍，完全是在行军打仗中培养了指挥作战的才能。公元前294年，秦昭王任命白起为左庶长，让他领兵攻打韩国的新城（今河南洛阳龙门）。白起不负所望，一举攻占了新城。第二年，韩、魏两国结成联盟，以韩将公孙喜为主帅，集合大军24万进据伊阙

■ 描绘长平之战的国画。

（今河南龙门）迎击秦军。

伊阙是韩、魏两国的门户，地势非常险要。韩、魏联军据守伊阙，与秦军呈对峙状态。当时，秦军在数量上只有韩、魏联军的一半，兵力相差悬殊。但韩、魏两军为保存各自的实力，互相推诿，谁也不肯先战。白起洞察到这一情况，采取了集中兵力、各个击破的战术。他先设疑兵牵制住韩军，然后集中兵力出其不意地猛攻魏军，一举将其歼灭。随后，他立即转移兵力攻打韩军，韩军败逃，白起乘胜追击，又全歼韩军，并俘虏了韩将公孙喜。

这一战是先秦战史中一次较大规模的以少胜多的歼灭战，白起共歼灭韩、魏联军24万人，攻占伊阙等5座城池。此战后，白起升为国尉，开始了他一生中神话般的军事历程。

公元前260年，秦国与赵国为争夺上党郡（在今山西东南部）而引发战端。秦军夺取了上党，赵军退守长平（今山西高平）。赵王听信谣言，撤换了守长平的主将廉颇，而改用只会纸上谈兵的赵括为将。秦王非常高兴，立即暗地里命白起为主帅，指挥战斗。

面对鲁莽轻敌、高傲自大的对手赵括，白起采取了后退诱敌、分割围歼的战法。当赵括率军贸然出击时，他让自己的前沿部队假装败逃，将赵军引入自己布好的阵地中。之后，白起又命两翼的骑兵迅速出击，将赵国大军截成三段，并切断其粮道。赵军断粮40多天后，赵括无计可施，只能重新集结军队轮番突围，但都被秦军挡了回去。最后，赵括兵败自杀。这一仗让赵国损失惨重，元气大伤，而秦国的声势则更加壮大了。

白起为秦国以后统一天下立下了不世之功。他驰骋沙场30余年，经历过70多次战斗，从无败绩，以

■ 战国时期的铜矛

致六国人听到白起的名字，便心惊胆颤。白起三张打歼灭战，每次战一不以攻城略地为目标，而以歼灭敌军有生力量为主要作战思想。的确，在当时以人为主的战争

中，斩杀敌军是消灭敌国力量的最好办法。除此之外，白起还主张对敌人穷追猛打，彻底消除其抵抗的可能性。他的战争思想，在当时无疑是先进的。因此，他被后人称为歼灭战的始祖。Celebrity

成功密码

白起出身于行伍，他的才能是从行军打仗中一点点积累起来的，这其中必然少不了对军事的热爱与不断的研究。而他一旦得到指挥战斗的机会，便立马展现自己最卓越的战争指挥艺术，各个击破，适时追歼。先进的作战思想与正确的作战方针，是他取得辉煌战绩的法宝。

叱咤风云的战国老将
廉颇

人物档案

姓　　名：廉颇
生 卒 年：前327~前243
籍　　贯：山东德州市陵县
身　　份：军事家
重大成就：抵御秦兵，保家卫国

秦国强大以后，急于向东扩张势力，首先要攻击的便是赵国。但这时，赵国涌现出一位担负起保家卫国重任的大将，他就是廉颇。廉颇多次率赵军击退秦军，收复失地，迫使秦国不敢再贸然进攻。公元前285年，秦国与赵国在中阳（今山西中阳县西）议和。

当时，除西有强秦外，东方六国中以齐国最为强盛。公元前283年，廉颇奉命带领赵军攻伐齐国，一举攻取了齐地阳晋（今山东郓城县西，本为卫国领地，后属齐），威震诸侯。从此，赵国跃居六国之首，一度成为阻挡秦军进攻六国的屏障。

公元前260年，秦军攻打韩国的上党郡，

上党被秦军切断了与本国的联系，上党太守不愿降秦，便将上党献给赵国。于是，为争夺上党地区，秦赵之间发生了一场不可避免的战争。赵孝成王命廉颇统率20万大军阻秦军于长平。当时，秦军士气正盛，而赵军长途跋涉，不仅兵力上处于劣势，态势上也处于被动不利的地位。

面对这种情况，廉颇采取了筑垒固守的作战方针。他命令赵军凭借山险，筑起森严的壁垒，任凭秦军数次挑战，他只坚壁不出。同时，廉颇还把上党地区的民众集中起来，让他们一面从事战场运输，一面投入筑垒抗秦的工作。秦军求战而不得，渐渐失去了锐气。双方相持了3年，秦军都没有攻下长平。可惜后来赵王中了秦

国的反间计，改用赵括为将，致使长平之战惨败。赵括的失败，正从反面证明了当初廉颇所用战略战术的正确性。

长平之战后，赵国国力大大削弱，国内几乎没有壮丁可以从军，其他诸侯国遂乘机攻打赵国以谋利。公元前251年，燕王喜派栗腹为将，兵分两路大举进攻赵国。栗腹的部将卿秦率20万燕军攻打赵国的代郡（在今河北张家口附近），而栗腹则率主力40万攻打赵国的鄗郡（在今河北柏乡县西）。燕军到达宋子（今河北晋县南）后，赵王急忙令廉颇、乐乘统兵13万前往抗击。

时已76岁的老将廉颇分析燕军的来势后，认为燕军虽然人多势众，但骄傲轻敌，再加上长途跋涉，已人马困乏，所以他决定采用各个击破的方略。廉颇先让乐乘率5万赵军坚守代郡，吸引攻代的燕军不能南下援救，而他亲自率兵8万迎击燕军主力于鄗。赵军虽然数量上远低于燕军，但士气旺盛，同仇敌忾。双方接战后，赵军个个奋勇冲杀，很

■ 邯郸曾是赵国的都城。图为邯郸八卦亭。

快大败燕军，杀死了燕军主将粟腹。正在攻打代郡的燕军闻听主帅被杀，军心大乱。乐乘遂趁机率赵军发起攻击，也很快取得胜利，并俘虏了卿秦。

■《战国策》和《鬼谷子注》的书影。

两路燕军败退后，廉颇又率军追击500里，直入燕境，围攻燕国的都城蓟（今北京城西南）。最后，燕王被迫割地求和，廉颇才撤军回国。这一战，赵国得以转危为安。

廉颇一生忠勇爱国，在战场上叱咤风云数十年，夺城、歼敌无数，常力挽狂澜，救国于危难之中。他立下的赫赫战绩不但是赵国的骄傲，也是整个战国时代的精彩华章。

成功密码

廉颇是战国时期的杰出名将，骁勇善战，有勇有谋。在强大的敌军面前，他具备临危不惧的豪迈气魄，并能做到知己知彼，采取合理的战术，发挥己方的长处，以攻击敌方的短处，这是他数十年征战而屡战屡胜的重要原因。此外，廉颇忠勇爱国的精神，也非常值得后人敬仰。

"力可拔山"的西楚霸王
项羽

人物档案

姓　　名：项羽

生　卒　年：前232~前202

籍　　贯：下相（今江苏宿迁西南）

身　　份：秦末起义军领袖

重大成就：反抗暴秦，为推翻秦朝发挥了重大作用

项羽出身于一个军事世家，祖辈世代为楚将，他的祖父项燕就是楚国的名将。楚国灭亡后，项氏家族衰落，项羽由叔父项梁抚养长大。项羽自小就有远大的志向，他曾说："读书写字，只不过记姓名而已；剑法再高超，一次也只能抵挡

一人，都不值得学习。要学习，就要学能够抵挡千军万马的兵法。"叔父项梁听了他的话，非常吃惊，觉得他将来必成大器，便悉心教他学习兵法。

公元前209年，陈胜、吴广在大泽乡揭竿起义，天下豪杰云集响应。项梁、项羽叔侄也在吴中起兵，召集了8000名江东子

弟，投身到反秦斗争的洪流之中。这时的项羽，已经成长为一个才干超群的青年。他身高八尺，力大无穷，气势可压倒万夫。为增强号召力，项羽与叔叔项梁拥立原楚怀王的孙子为王，仍称楚怀王。与此同时，在各方势力的拥护下，原其他各诸侯国的遗民也纷纷建立政权。

公元前207年，秦军攻打赵军，将赵王歇围困在巨鹿（今河北平乡西南）。赵国向各国军队求救，楚怀王任命宋义为上将军，项羽为次将，率领大军救援赵国。可当大军行到安阳（今山东曹县）时，宋义却畏惧秦军的声势，不敢继

续进军。当时天气寒冷，楚军远道而来，军粮不足，巨鹿又危在旦夕，战争形势十分危急。项羽多次劝宋义进兵都没有结果，情急之下，他一剑杀了宋义，迫使楚怀王任命他为上将军。随后，

■ 图为江苏戏马台。项羽曾在此地戏马，并操练士兵。

项羽率领大军迅速渡过漳水，准备迎击秦军。当时，楚军与秦军的力量对比悬殊，项羽分析了敌我形势后，毅然下令将船只一律凿沉，将做饭的炊具全部砸毁，并只许每个将士带3天的口粮上阵。这就是成语"破釜沉舟"的由来。

项羽此举，使每个楚军将士明白：只有全力以赴，击败秦军，才能绝地生还。破釜沉舟后，项羽率领全军以迅雷不及掩耳之势攻打秦军的薄弱之处，秦将章邯率军援助，却被楚军以逸待劳杀得大败。之后，项羽又迅速带兵攻打另两支秦军。激战中，楚军个个以一当十，奋勇拼杀，九战九捷，最终将秦军打得落花流水，解了巨鹿之围。

巨鹿一战消灭了秦朝最强大的一支军事力量，秦朝的灭

亡也就成了不可挽回的定局。就在项羽在巨鹿
酣战时，其他诸侯军只是在四周观望。项羽
打败秦军后，一下子威名大震，各诸侯军将
领都到营中来拜见项羽，项羽也随之成为威震
四方的各路义军的最高军事统帅。

随后，项羽又多次领兵与秦军作战，所向
披靡。公元前206年，秦朝灭亡，项羽在关中
自立为西楚霸王。虽然后来项羽在与刘邦的楚
汉之争中失败，自刎于乌江，但他在巨鹿之战取
得的战绩却是中国战争史上一个不可磨灭的神话。

■ 秦朝将军俑。

成功密码

项羽自小就具备一种超乎常人的霸气，他志向远大，才智过人，浑身充满英雄
色彩。在强大的敌军面前，他以绝世的果敢破釜沉舟，这种无所畏惧的英雄气
概极大地激励了将士，为他击败敌军提供了先决条件，也为他日后在秦末战争
中叱咤风云奠定了基调。

汉初的军事天才
韩信

Han Xin

人物档案

姓　　名：韩信
生 卒 年：？~前196
籍　　贯：淮阴（今江苏淮安楚州区）
身　　份：军事家
重大成就：兵围项羽，为汉朝的建立立下汗马功劳

　　韩信是秦末淮阴人，自幼家境贫困，但他酷爱武艺，也喜欢钻研兵法，期待将来能出人头地，有所作为。有一段时间，韩信在河边钓鱼，衣衫褴褛，面容憔悴，一位来这里洗衣服的老妇人见他饥饿可怜，便经常带些饭菜来给他吃。韩信非常感激，对老妇人说："以后有机会，我一定要重重地报答您。"老妇人听了却很生气，斥责他道："男子汉大丈夫不能自食其力，还谈什么报答呢？"这句话深深地触动了韩信，他非常惭愧，决心发愤图强，成就一番事业。

　　公元前209年，秦末农民起义席卷全国，韩信投奔到

Celebrity stories

项羽军下，他多次为项羽献计献策，但却得不到采纳。后来，韩信又到了刘邦军中，依然得不到重用。后来，刘邦的谋士萧何了解了韩信的才能，在他的大力举荐下，刘邦才最终拜韩信为将军。

当时，刘邦被项羽分封在巴蜀一带为汉王，他表面上装作安心待在巴蜀，实际却暗自筹划与项羽争夺天下。刘邦就天下形势问计于韩信，韩信建议他先将关中作为根据地，再出关东征，夺取天下，刘邦深表赞同。

韩信做了将军后，很快为刘邦训练了一支整齐精锐的队伍。不久，一些诸侯王挑起对项羽的战争，韩信趁机劝刘邦出兵，夺取关中，刘邦欣然同意。在巴蜀与关中之间原有一条栈道，但被刘邦入巴蜀时烧掉了。为了蒙蔽守在关中的章邯军，韩信故意派一些士兵去修复栈道，做出要准备从原路返回关中的样子。章邯得到消息后，觉得十分好笑，说："想用这么几个人把栈道重新修好，简直如同儿戏！就是修它一年，也没法完工。"不过，他还是调遣了主力部队，在这条路线的各个关口加强防范，以拦截汉军。

　　而就在重修栈道开始不久，韩信却率领汉军主力从西边的一条小路，偷偷绕到了陈仓（今陕西宝鸡东），向章邯发起了进攻。原来，这就是韩信的"明修栈道，暗度陈仓"的计策。章邯大吃一惊，急忙调遣大部队支援，但为时已晚。汉军两战皆胜，章邯退守废丘（今陕西兴平），最后兵败自杀。

■ 公元前206年，刘邦拜韩信为大将军。图为当年的拜将台（在今陕西汉中南门外）。

Celebrity stories

　　韩信乘胜进军，不久就攻进了咸阳。项羽得到消息后，发兵拒汉军于阳夏（今河南太康），又立原吴县县令郑昌为韩王，阻截刘邦的军队，但都已无法挽回败势。公元前205年，刘邦亲自率军东进，不到3个月，三秦地区皆归刘邦所有。

　　第二年，韩信又率军攻打赵国。双方在河北井陉口展开较量，韩信将不利形势化为有利，命自己的军队背水一战，激发了将士求生的本能，结果汉军士气大振，从而击败了赵军。

　　公元前202年，韩信设下十面埋伏，将项羽围困于垓下（今安徽省灵璧东），迫使项羽兵败自杀。在4年的楚汉之争中，韩信不断创造辉煌战绩，最终助刘邦建立了大汉王朝。

成功密码

韩信少年贫困，却胸怀大志。他熟读兵法，富有谋略，每次战斗，他都能够准确分析战争形势，相机出兵。他不拘泥于兵法，而是灵活运用，所以常常能出奇制胜。韩信创造了许多经典战例，从他身上，我们看到了一位军事家天才般的本领。

治军严谨第一将
周亚夫

Zhou Yafu

人物档案

姓　　名：周亚夫

生 卒 年：？~前143

籍　　贯：沛县（今江苏徐州西北端）

身　　份：军事家

重大成就：治军细柳，平定七国之乱

周亚夫是汉初名将周勃的儿子，因德才兼备而闻名。后来，他承袭了父亲的爵位，封为条侯。

公元前158年，匈奴兵进犯汉朝北部的边境，汉文帝急忙派三路军队到长安附近驻守，以防备匈奴。其中宗正刘礼驻守灞上（今陕西西安市东）、祝兹侯徐厉驻守棘门（今陕西西安市北）、条侯周亚夫守卫细柳（今陕西咸阳东北）。

为了鼓舞士气，文帝亲自到这三路军队的军营犒劳慰问。他到了灞上和棘门的军营，都是直接策马扬鞭，奔驰而入，驻地的将军和下属官兵也骑马迎进送出。而当文帝来到周亚夫驻守

■ 西汉时期的兵马俑。

的细柳时，只见军中将士个个都披挂铠甲，手持兵刃，严阵以待。文帝的使者到了营门口，要守营军尉打开营门，军尉却道："周将军有令，在军中只听将军的命令，不听天子诏令。"等文帝到了，军尉仍不开门。文帝只好派人手持符节传诏令于周亚夫，说皇帝要来慰劳军队，周亚夫接到诏令，这才下命打开营门迎接。

文帝等人进了军营，守营的士兵对文帝随从说："将军有令，营中不得驱马奔驰。"于是，文帝让车夫拉缰绳慢慢行进。到了营中，周亚夫戎装相见，以穿甲不便跪拜为由，只向文帝拱手行礼而已。文帝看到细柳军营如此严整的军容，非常感动，大大赞赏了周亚夫。

劳军完毕，文帝带人离开军营，周亚夫也没有列队相送。待文帝一出军营，营门立即紧紧闭上。群臣都非常惊讶，唯有文帝对周亚夫严谨治军赞不绝口。

一个月后，匈奴撤兵，文帝册封周亚夫为中尉。后来，文帝临终时对太子说："如果以后国家有难，可用周亚夫统军。"

当时，汉朝国内有许多刘姓诸侯王，他们分封各地，掌管钱粮，势力非常强大。公元前154年，吴王刘濞挑动楚、赵诸王发动了叛乱，史称"七国之乱"。汉景帝遂升周亚夫为太尉，命他领兵平叛。

周亚夫率军出长安时，吴楚叛军正在全力攻打梁国（治所在今河南商丘南），周亚夫没有直接去援救，而是避开敌锋，绕道武安（在今河北南部），控制洛阳后，坚守在昌邑（今山东金乡西北）。梁王是汉景帝的同母弟弟，他几次向周亚夫求援，周亚夫都坚持未出。他料到吴楚联军虽气势强盛，但不能

■ 图为周亚夫在昌邑屯兵驻守的遗址。

持久，而梁国尚能抵挡一阵。与此同时，周亚夫又暗中派轻骑兵绕到吴楚叛军的后方，截断其粮道。叛军没有了粮草，很快陷于困境。刘濞指挥军队攻打周亚夫的军营，都被周亚夫严防死守挡了回去。不久，叛军败退，周亚夫乘胜追击，将吴楚叛军打得大败。最后，楚王在败军中自杀，吴王刘濞逃至丹徒（今江苏丹徒）后，已被抓获杀死。

■ 西汉步兵俑。

　　吴楚联军败后，其他叛军军心大乱，也纷纷溃败。在周亚夫的指挥下，汉军仅用3个月就平定了七国之乱。经此一战，周亚夫为汉初政治局面的稳定做出了重大贡献。

成功密码

周亚夫以严谨治军闻名于世，他不仅严格约束部下将士，连皇帝进入他的军营，也要遵守他的军纪，这是难能可贵的。这种精神是他以后取得平叛战争胜利的先决条件。另外，周亚夫有勇有谋，采取避实就虚，拖垮敌人的合理战略，最终让他一举平定了七国之乱。

马上飞将军
李广

人物档案

姓　　名：李广

生 卒 年：？~前119

籍　　贯：陕西成纪（今甘肃静宁县西南）

身　　份：军事家

重大成就：抵御匈奴

　　"但使龙城飞将在，不教胡马度阴山"。这是唐代诗人王昌龄的诗句，其中"飞将"指的就是汉代名将李广。

　　李广善骑射，少年时即应征入伍，随大军攻打匈奴，以善战闻名于世。汉景帝在位时，李广为上郡（今陕西榆林东南）太守。一次，他率领一百多名骑兵出去巡逻，不料遭遇数千名匈奴军。众军士都非常害怕，而李广见不能逃脱，便命令军士们大胆前进，行至匈奴军阵地近处才下马，解鞍休息。匈奴军以为他们是诱敌之兵，不敢贸然出击。

后来，有一个匈奴将领纵马出来察看，他刚一出阵，就被李广一箭射死。到了天黑，匈奴兵怕被袭击，趁夜逃去，李广等人安全回到营地。

公元前129年，李广率领一万汉军出雁门关抗击匈奴，遭到成倍匈奴兵的包围。因寡不敌众，李广最终受伤被俘。匈奴单于仰慕李广的威名，让人把李广押解到他的营帐。匈奴兵把李广放在两匹马中间，让他躺在一个用绳子结成的网袋里。走了10里多路，李广躺在网里装死，却偷偷眯眼瞧见旁边一个匈奴少年骑着一匹好马。他突然飞身一跃，跳上那匈奴少年的马背，把少年推下马，夺了此人弓箭，纵马向南奔驰。数百名匈奴骑兵在后追赶，李广边跑边射杀追兵，终于逃回汉营。消息传出后，匈奴上下都非常震惊，称李广为"飞将军"。

公元前121年，李广为郎中令，率领4000名将士从右北平出击匈奴，行军数百里后，遭到匈奴左贤王4万骑兵的包围。李广派儿子李敢先到敌阵中探察敌情。李敢率几十名骑兵冲入敌阵，超出敌人两翼而回，向李广报告说："匈奴兵很容易对付。"李广的军士听了，才安下心来。随后，李广布成圆形阵势，面向四外抗敌。匈奴兵猛攻汉军，箭如雨下，汉兵死伤过半，箭也快射光了。李广就命令士兵将弓拉满，不要发射，他自己则手持强弩射杀匈奴副将多人，匈奴兵将大为惊恐，渐渐散开。这时天色已晚，李广仍神色自若，整饬军队。剩余军兵都被他的壮勇之气感染，一直坚持战斗到天明，汉军大部队赶来，匈奴兵撤围而走。

李广一生与匈奴交战数十

■ 李广之墓，在今甘肃天水。

次，英勇无敌，令匈奴闻风而退。他为将时，身先士卒，与士兵同饮同食。行军打仗经常遇到缺水断粮的情况，而一旦得到粮草补给，李广总要等所有的士兵都饮了水、吃了饭，他才肯进食。他对士兵也非常宽厚，从不严苛以待，所以他深得士兵的爱戴，部下都肯出死力随他抗敌。

■ 西汉陶射俑。

公元前119年，李广随同大将军卫青再次出征抗击匈奴。因路途遥远，李广率领的前部迷路，未能与匈奴交锋。后卫青派人询问李广军迷路之责，李广想到自己年老，不愿再去面对刀笔小吏，遂举刀自刎。他死后，全军上下无不失声痛哭。

成功密码

在汉与匈奴的交战中，汉军的作战常态便是长途奔袭，仓促遇敌，以及敌众我寡的孤军奋战。而李广则是适应这种战争特点的杰出将领。他具备非凡的勇气、果断的气魄和灵活应变的作战能力，无论敌军多么强大，他都以大无畏的气概坚决抗敌。这种惨烈，这种勇敢，令敌军闻风而丧胆。

大破匈奴的英雄
卫青

Wei Qing

人物档案

姓　　名：卫青

生 卒 年：？~前106

籍　　贯：河东平阳（今山西临汾西南）

身　　份：军事家

重大成就：大破匈奴，扫除边患

　　汉武帝即位初期，西汉王朝国势渐渐强盛。对于北方强敌匈奴，汉武帝改变以往的和亲策略，决定大举反击。在这种历史的风口浪尖上，一位杰出的军事将领应运而生，他就是卫青。

　　卫青原本出身低微，母亲是汉武帝姐姐平阳公主家的一名奴婢。他少年孤苦，备受欺凌，但艰苦的生活也培养了他坚忍好强的品格。卫青勤奋好学，在做平阳公主的侍从期间，他逐渐学到了一些文化知识和上流社会的礼仪风范。

后来，卫青的姐姐卫子夫被选入宫中，得到汉武帝的宠爱，卫青也因此得到武帝的赏识。公元前129年，匈奴兵南下，武帝分派四路兵马迎击，其中一路就是由身为车骑将军的卫青率领。卫青首次出战，作战十分英勇，他率军队直捣匈奴龙城（匈奴祭天祭祖的地方），斩敌700余人。初战告捷，卫青在汉与匈奴的战争中崭露头角。

公元前127年，匈奴再次集结大量兵力进攻上谷（今河北保定附近）、渔阳（今北京密云西南）。卫青率领4万大军从云中（今内蒙古和林格尔县）出发，采用"迂回侧击"的战术，西绕到匈奴军的后方，迅速攻占高阙（今内蒙古巴彦淖尔盟杭锦后旗），切断了驻守河南之地的匈奴白羊王、楼烦王同

单于王庭的联系。然后，卫青又率精骑兵飞速南下，趁匈奴兵不备，进到陇县西，形成了对白羊王、楼烦王的包围。

白羊王、楼烦王见汉兵骤至，大惊失色，率军仓皇逃走。汉军活捉匈奴兵数千人，夺取牲畜100多万头，完全控制了河套地区。这是汉对匈奴战争的第一次大胜利，不但解除了匈奴骑兵对长安的直接威胁，也为汉朝建立了反击匈奴的前方基地。汉武帝在此修筑朔方城，从内地迁徙10万人到这里定居，还修复了当初秦将蒙恬所筑的边塞和沿河的防御工事。

卫青立有大功，得封关内侯，后拜为大将军。但他居功而不自傲，仍能谦虚自律，爱兵如子。为了彻底击败匈奴主力，公元前119年，汉武帝发步卒、骑兵数十万，命卫青和骠骑将军霍去病各带领一支兵马进攻漠北匈奴。卫青大军北行一千多里，跨过沙漠，与严阵以待的匈奴军遭遇。卫青临危不惧，命令部队用铁甲兵车迅速环绕成一个坚固的阵地，然后派出5000骑兵向敌阵冲击。匈奴出动一万

■ 图为鸡鹿塞遗址，汉军抗击北匈奴的出发地，在今内蒙古巴彦淖尔盟磴口境内。

■ 汉代的铁盾。

多骑兵迎战，战况非常惨烈。黄昏时分，忽然刮起暴风，沙尘滚滚，卫青乘机派出两支生力军，从左右两翼绕到匈奴单于背后，包围了单于的大营。伊稚斜单于发现汉军数量如此众多，知道无法取胜，慌忙上马逃走。卫青率军追击，直追杀到赵信城（今蒙古杭爱山南麓），方胜利班师。

而霍去病东路大军也北进两千里，大败匈奴左贤王。自此，匈奴向西北迁徙，汉朝北边的军事威胁基本被解除了。卫青7次出征匈奴，皆大获全胜，他为汉朝抵御外族，维护江山的稳固立下了汗马功劳。 Celebrity!

成功密码

卫青出身低微，但他自强不息，勤奋好学，这为他以后得到重用奠定了基础。在抗击匈奴的战斗中，卫青奋勇作战，尽情施展自己的才能。他指挥果敢，进军神速，常能杀敌于措手不及之间。更可贵的是，卫青居功而不自傲，这是他建功立业，始终立于不败之地的重要原因。

火烧赤壁的大都督
周瑜

人物档案

姓　　名：周瑜

生 卒 年：175~210

籍　　贯：庐江舒县（今安徽庐江西南）

身　　份：军事家、统帅

重大成就：火烧赤壁，抵御曹兵

周瑜出生于东汉末年的士族大家，他的堂祖父和堂叔都曾做过东汉的太尉。周瑜志向远大，自幼刻苦读书，尤其喜爱研读兵法。生逢乱世，战祸四起，他早就立下廓清天下的理想抱负。

当时，董卓把持了汉朝政权，群雄并起讨伐。董卓死后，天下却又陷入四分五裂、各自为政的局面。豫州刺史孙坚的儿子孙策是当时的一位豪杰，与周瑜是至交好友。公元195年，孙策拉起一支队伍，要南下江东，途中写信给身在丹阳的周瑜（当时，

■ 赤壁之战场景图。

周瑜的父亲为丹阳太守。周瑜立刻率兵迎接孙策，给予孙策大力的支持。他协助孙策挥师渡江，打败了江东的几支割据势力，助孙策在江东站稳脚跟，成为独霸一方的割据势力。

公元200年，孙策不幸遇刺身亡。大权由其弟孙权执掌，周瑜又继续辅佐孙权，帮他平定周边势力，逐渐稳定了整个江东局面，东吴政权由此建立起来。

公元208年，统一北方的曹操率20万大军南下，企图统一天下。消息传到江东，孙权大惊失色，以文臣张昭为首的大部分人都主张降曹，而周瑜与重臣鲁肃却坚决主张抗战。他们认为：曹军远道而来，十分疲惫，况且北方士兵都不习水战，新投降他们的荆州水兵又人心不齐，只要积极应战，一定能击败曹操。孙权权衡利弊，最终坚定了抗曹决心。

于是，孙权任命周瑜为大都督，鲁肃为赞军校尉，率3万兵马，与前来联吴抗曹的刘备军共同迎战曹操。孙刘联军到达赤壁（今湖北蒲圻西北，一说今嘉鱼东北）后，与沿江陵东下的曹操水军相遇。由于曹军士兵水土不服，很多人得了疫病。双方一交锋，曹军就败了，被迫退到长江北岸，与孙刘联军隔江相对。曹操见自己士兵不熟水战，下令用铁索将战船都连在一起，以减少船身晃动。周瑜的部将黄盖见此情景，建议火攻曹营，周瑜也正有此意。两人定好计策，黄盖遂派人送了一封书信给曹操，谎称自己受到周瑜的无礼责打，愿意带部下归顺。曹操见信后，十分得意，深信不疑。

　　于是，周瑜选了一个刮东南风的夜晚，命黄盖率领10艘大船（每艘船中都装满浇油的干柴，船后拖有小船，以备放火人员后退时使用）乘风向曹营进发。曹操见黄盖船队

■ 赤壁之战中的小船（模型）。

前来，以为真的来投降，正在得意，不料，船队驶到距北岸两里左右时，船上突然着起大火，10条火船就像10条火龙一样，闯进曹军水寨。曹军将士猝不及防，都不知所措。由于曹军战船都连

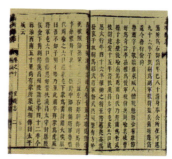

■《蒲圻县志》中有关赤壁之战的记载文字。

在一起，行动不便，火势很快蔓延开来，并烧到岸上营寨。周瑜命大军趁火势渡江攻击曹军，曹军顷刻溃败。曹操吓得魂飞魄散，急忙率残兵从华容道逃跑。

赤壁一战，曹操不敢再轻易南下，三国鼎立之势遂成。而周瑜声威大震，名扬天下。Celebrity

成功密码

周瑜身处乱世，却不随波逐流。他胸怀大志，具有远见卓识，尤其在强大的敌人面前，他独具慧眼，力挽狂澜。在实战中，周瑜能做到知己知彼，以己之长，攻彼之短，所以取得赤壁之战的辉煌胜利。故此，千百年来，任大江东去，岁月磨洗，周瑜的才气与谋略依旧闪耀着惊人的光芒。

平定突厥的唐初名将
李靖

Li Jing

人物档案

姓　　名：李靖
生　卒　年：571~649
籍　　贯：京兆三原（今陕西三原县东北）
身　　份：军事家、军事理论家
重大成就：平定突厥

李靖，字药师，生于隋朝的官宦之家，受家庭环境影响，他自小就有文才武略，学就满腹经纶。李靖尤其热爱军事，喜读兵法。他的舅父韩擒虎是隋朝的名将，每次与他谈论兵事，都拍手称赞他说："可与我谈论孙武、吴起兵法的人，唯有你一人而已。"

后来，李唐王朝代隋而立，李靖成为唐朝的一员将领。唐初，周边还有许多割据势力没有平定，盘踞在江陵（今属湖北）的南梁萧铣政权就属于其中比较强大的一支。

公元621年，李靖辅佐主将李孝恭攻打萧铣，当时正值秋天雨

季，江水暴涨，流经三峡的滔滔江水咆哮而下。唐将大都望而生畏，请求等洪水退后再进兵。而李靖以他那超人的胆识和谋略，力排众议，说："兵贵神速，机不可失……所谓疾雷不及掩耳，此兵家上策。"

李孝恭最终采纳了李靖的建议。于是，唐军2000余艘战舰冲破惊涛骇浪，沿着三峡顺流东进。而萧铣以为水势汹汹，唐军不能东下，正休养士兵，毫无防备。唐军迅速拿下荆门、宜都二镇，一路势如破竹，最终攻到江陵，迫使萧铣投降。李靖仅用了两个月的时间，即佐助李孝恭消灭了南梁。唐高祖封他为上柱国、永康县公。

隋末唐初，北方的东突厥势力一直很强大，他们自恃兵强马壮，不断举兵南下侵扰。唐太宗即位后，国力逐渐强盛，太宗决定出击东突厥。

公元630年正月，李靖率领3000精锐骑兵，冒着严寒，从马邑（今山西朔县）向突厥境地挺进。突厥颉利可汗万万没有想到唐军会突然前来，大惊失色。他们判定：如果唐兵不倾国而来，李靖决不会孤军深入。李靖探知这一消息，在夜幕掩护下，一举攻入突厥定襄城内，颉利可汗仓皇逃走。

与此同时，唐将李勣的大军在白道（今内蒙呼和浩特北）也将一支突厥兵打得溃不成军。颉利可汗一败再败，损失惨重，不得不派人入唐廷请罪，表示愿意归顺唐廷。其实，颉利可汗是为了赢得时间，等到来年草青马肥之时，再卷土重来。李靖猜出他的意思，遂与李勣悄悄连夜进兵，先锋军队直摸到颉利可汗的营帐附近。颉利可汗大惊，不战而逃。李靖大军随之赶到，杀敌一万多人，俘虏十几万。颉利可汗想率残兵向北行进穿过大漠，却被李勣大军拦住，剩余的突厥兵只好都投降了。东突厥遂宣告灭亡，唐

■ 突厥石人雕像。

朝西北方的边患解除了，唐朝也迎来了盛世局面。

■ 李靖碑上的碑文。

李靖一生南征北讨，立有不世之功，但为人谦恭，从不居功自傲。他在晚年时还将自己的实战经验和军事理论写成《李卫公兵法》一书。

公元649年，李靖去世，唐太宗非常伤感，痛哭流涕，命人将他的坟墓筑成突厥燕然山、吐谷浑积石二山的形状，以彰显他的功绩。

成功密码

李靖自幼学习兵法，谈论兵事，虽未上战场，但已学就了运筹帷幄的本领。他为将后，根据敌我形势，将所学灵活运用，并且深谙兵贵神速之道，常歼敌于出其不意之间。另外，李靖宽宏大度，谦恭谨慎，这也是他能驭兵、能降敌的重要原因。

重整山河的统帅
郭子仪

人物档案

姓　　名：郭子仪
生 卒 年：697~781
籍　　贯：华州郑县（今陕西华县）
身　　份：军事家
重大成就：平定安史之乱

郭子仪出生于仕宦之家，自幼爱读兵书，勤练武功。他青年时参加武举考试，即做了皇家禁军幕府中的幕僚长。

公元755年，因唐玄宗耽于玩乐，朝政腐败，身兼范阳、平卢、河东三镇节度使的安禄山趁中原空虚，联合叛将史思明，以及同罗、奚、契丹等少数民族，组成15万大军，发动了叛乱，史称"安史之乱"。中原多年不曾打仗，军备废弛，叛军一路南下，很快就攻下了洛阳。

在这紧急关头，郭子仪被升为朔方节度使，奉命率兵东讨叛军。他一出马，即收复了重镇云中（今山西大同），大败叛将薛忠义之

军。接着，他又派兵收复马邑（今山西朔县东北），打通了朔方军与太原军的联系，从而赢得了战略上的主动权。

之后，郭子仪向朝廷推荐了李光弼，李光弼被任为河东节度使，二人一起率军着力收复河北各郡县。史思明集合了5万叛军，据守在博陵。博陵是河北重镇，易守难攻。郭、李两部久攻不下，郭子仪便退守常山，采取先疲敌再攻击的战略。而史思明求胜心切，大力追踪跟进，企图重创唐军。郭子仪将计就计，亲选500名精锐骑兵，牵着史思明的叛军疾速北进。史思明不知是计，一连追了3天3夜，才发现前面只有500骑兵。郭子仪趁他人困马乏之时，率领大军掩杀，在沙河（今河北行唐、新乐之间）大败史思明军。

安禄山得知消息，急忙从洛阳和范阳抽调5万兵马北上增援。郭子仪见叛军来势凶猛，仍然实行疲敌战术，加紧修缮防御工事，严阵以待。贼来则守，贼去则追，白天耀兵扬

威，夜晚偷袭敌营。这一战略使5万叛军进退两难，大大挫伤了锐气。特别是郭子仪不断派出人马夜间扰敌，使叛军整日提心吊胆，不得安宁。当叛军被拖到相当疲劳之时，郭子仪即与李光弼发动攻击，在嘉山斩杀敌军4万多人，俘虏5000余人。史思明损兵折将，最终狼狈逃回博陵。

嘉山一战，扭转了唐军仓促应战的被动局面，改变了整个战争形势，安禄山被迫退回范阳。但是，在这个紧要关头，唐玄宗却听从杨国忠的建议，让据守潼关的哥舒翰贸然出击，结果导致潼关失守。潼关一失，长安岌岌可危，战局又急转直下。唐玄宗慌忙带王孙后妃逃往成都。

不久，太子李亨在灵武(今宁夏回族自治区灵武县)即位，是为唐肃宗。郭子仪受命收复长安与洛阳。他攻打洛阳时，洛阳守将安庆绪派15万大军迎战。双方在新店(河南省郏县西)相遇。新店地势险要，叛军依山扎营，形势对唐军非常不利。但郭子仪趁叛军立足未稳之机，选派2000名精骑兵

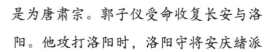

Celebrity stories

向敌营冲杀过去，又派了1000名弓箭
手埋伏山下，再令协助作战的回纥军从
背后登山偷袭，自己则亲率主力与叛军正面
交战。战斗打响之后，郭子仪佯装败退。
叛军从山上追赶下来，被唐军埋伏的弓箭

■ 唐朝骑兵俑。

手射了个措手不及，郭子仪又返军掩杀。这时，回纥兵从背后
攻击叛军，叛军前后被围，最后弃城北逃，郭子仪一举收复了
洛阳。

　　之后，郭子仪与李光弼等将领又经连年征讨，至公元763
年，终于收复所有失地，平定了安史之乱。

成功密码

郭子仪力挽狂澜，重整河山，救国于危难之间。他的成功首先取决于年青时的
勤苦学习，早期的经验积累为他以后带兵打仗打下了基础。其次他攻守兼备，
擅避敌之强，擅攻敌之弱。而且，他能认清敌我形势，采取合理战略，这是他
成为一军统帅、平定叛乱的重要原因。

精忠报国的一代英烈
岳飞

Yue Fei

人物档案

姓　　名： 岳飞

生　卒　年： 1103~1142

籍　　贯： 相州汤阴（今河南汤阴）

身　　份： 军事家、抗金名将

重大成就： 抗击金兵，保家卫国

　　北宋末年，朝政腐败，民不聊生，北方女真族建立的大金政权对北宋虎视眈眈，岳飞就出生在这样一个乱世之秋。岳飞早年丧父，与母亲相依为命。他聪慧好学，早年即读过《孙子兵法》《左传》等古代典籍。后来，他拜当时著名的武术家周侗为师，练就了一身好武艺。

　　1126年，金兵南下攻宋，岳飞投军抗金，因作战勇敢升为秉义郎。1127年，金兵再次南下，兵锋直抵北宋都城汴京（今河南开封），宋徽宗、宋钦宗以及王孙后妃、贵族大臣3000多人都被掳到北方，北宋灭亡。原北宋军民及所有爱国志士都纷纷投入抗金的历史大潮之中。

1129年，金将兀术率领大军渡江南进，攻打刚刚建立起来的南宋，宋高宗被迫逃亡。岳飞率孤军坚持敌后作战，他收编散兵游勇，领兵在江淮一带截击金军，六战六捷，取得了辉煌的战果。1130年，岳飞在牛头山设伏兵，又命令士兵都穿上黑色衣服，趁金军熟睡之时，冲进金营，斩杀金兵无数。金军大败而逃，岳飞乘胜追击，一举收复了建康（今江苏南京）。此后，岳飞北抗金军，南平叛乱，在大江南北纵横驰骋，成为南宋抗金的中流砥柱。

在此期间，岳飞建立起一支"岳家军"。岳飞治军廉洁奉公，赏罚分明，令出如山。他立下严明军纪："冻死不拆

屋，饥饿不打掳。"所以，岳家军受到北方军民的热烈拥护，战斗力也极强。在与金军的数次战斗中，岳家军杀敌无数，致使金军发出"撼山易，撼岳家军难"的感叹。

1140年，岳飞率军北伐，与金军在郾城（今河南偃城）展开一场大战。当时，岳飞只率轻骑兵驻守在偃城，金军主帅兀术看到岳家军孤军深入，有机可乘，抢先发动攻击。他指挥所部金军倾巢出动，直扑郾城。岳飞命儿子岳云率领8000背嵬马军出城迎击。金军后续部队不断到达郾城投入战斗，岳云的马军也不断打退金军的冲锋。岳家军悍将杨再兴曾单骑冲入金军队伍中，杀金将士数十人。

岳飞见一时难以取胜，亲率40骑精兵来到阵前，张大弓，以箭射敌人阵地。宋军将士见统帅亲自出马，士气大振。两军直杀到天黑，金军溃败，岳家军取得"郾城之战"的全胜。

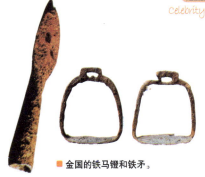

■ 金国的铁马镫和铁矛。

之后，岳飞又经朱仙镇（今河南开封西南）一场血战，收复朱仙镇，准备直捣金国黄龙府，迎回二帝。但宋高宗偏安一隅，无心收复失地，更不愿迎回二帝而使自己帝位不保。在岳飞抗金节节胜利之时，他以12道金牌召岳飞班师，致使收复中原功亏一篑，失去打败金军的大好时机。

1142年初，岳飞被高宗与秦桧以"莫须有"的罪名害死于风波亭，他的儿子岳云和部将张宪也惨遭杀害。岳飞虽死，但他那坚决抗金的爱国精神却永远不会磨灭，其壮怀激烈，光照千秋！Celebrity

成功密码

岳飞为保家卫国，一生抗金，其志之坚，其情之烈，其心之诚，可谓前无古人，后无来者。他就是本着一颗爱国之心，组建军队，不断投入战斗。他作战勇敢，机智有谋，以他忠勇爱国之情鼓舞士气，训练士兵，所以攻必克，守必固。他的爱国精神和一身浩然正气，令后世永远敬仰。

抗倭名将
戚继光

Qi Jiguang

人物档案

姓　　名：戚继光
生 卒 年：1528~1587
籍　　贯：山东登州（今山东蓬莱）
身　　份：军事家
重大成就：抗击倭寇

　　"封侯非我意，但愿海波平"。这是戚继光所写的诗句，也代表了他的志向。戚继光的父亲是明朝的著名将领，为人刚正不阿。因受家庭环境影响，戚继光自幼就希望能像那些英雄豪杰一样创建丰功伟业。他17岁那年，承袭父职，从此开始了戎马生涯。

　　当时正处于明朝中后期，宦官专权，国势日衰，来自日本的一些武士、商人和浪人不断到中国东南沿海一带烧杀抢掠，骚扰百姓，历史上称这些人为"倭寇"。到嘉靖年间，倭寇活动更加猖獗，并与中国海盗勾结起来，成为中国沿海最严重的祸患。

1555年，戚继光被调至浙江抵御倭寇。他鉴于原沿海军队有不习战阵的弱点，招募当地农民和矿工组织训练了一支3000多人的新军。戚继光治军有方，严格进行军事训练，"教以击刺法，长短兵迭用"，排演出他自己创制的鸳鸯阵，并严明军纪，教育将士杀贼保民。新军将士英勇善战，屡立战功，被誉为"戚家军"。

　　1561年，倭寇焚京浙东，戚继光率军在龙山大败倭寇。继后他又在台州地区与倭寇展开大战，九战九捷，最终扫平浙东倭寇。次年，倭寇见浙东地区防守严密，便到福建沿海一带骚扰。戚继光亲率6000精兵援助闽地，而倭寇盘踞在老巢横

屿（今宁德东北），那是一个小岛，明军难以登陆。戚继光到达福建，勘查了横屿的地形，得知那里的水道比较窄，立即命士兵每人带一捆干草，乘夜赶到横屿对岸。在落潮时，他让士兵将干草都扔进水里，几千捆干草连叠在一起，竟铺出一条路来。戚家军踏着这条路，悄悄攻进倭寇大营。倭寇猝不及防，经一场激战，岛上两千多名倭寇被歼灭。

横屿之战后，戚继光又率军进攻倭患严重的福清县，他把目标锁定在牛田。首先，戚继光将戚家军分成三路：两路分别从不同方向进军，另一路则设伏在大部队进击的要道，以防敌人偷袭，并切断敌人归路。同时，戚继光还让人散布消息，说戚家军远道而来，需要养精蓄锐。倭寇得知这一消息，以为戚继光一时不会来攻，放松了警惕。不料，戚家军在到达牛田

■《抗倭图卷》局部。

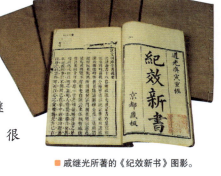

■ 戚继光所著的《纪效新书》图影。

的第二日夜里，即迅速出兵，包围了盘踞在牛田的倭寇。毫无准备的倭寇从睡梦中惊醒，四散逃窜，戚继光下令四面放火，趁机擒杀，很快将这里的倭寇都消灭了。

之后，戚继光又率戚家军多次扫平福建海平卫（兴化城东）的倭寇。1565年，戚继光与另一名抗倭名将俞大猷会师，共同歼灭了广东的倭寇。自此，困扰中国东南沿海几十年的倭患被基本肃清了，戚继光也实现了自己早年立下的抗倭志向。

成功密码

戚继光创建了一支军纪严明、战斗力强的军队，这首先为抗倭之战打下了坚实的兵力基础。在战略战术上，戚继光注重攻其不备，出其不意，集中兵力打歼灭战，在敌人毫无防备之时，迅速将其消灭。他的这些作战经验不但平定了倭患，也为后人留下了一份宝贵的财富。

收复台湾的民族英雄
郑成功

Zheng Cheng gong

人物档案

姓　　名：郑成功
生 卒 年：1624~1662
籍　　贯：福建南安市石井镇
身　　份：军事家、民族英雄
重大成就：收复台湾

　　郑成功原名郑森，福建南安人，他的父亲郑芝龙是明朝的福建总兵。郑成功自小习文练武，熟读兵法。明朝灭亡后，郑芝龙投降了清廷，郑成功数次谏阻不听，遂与父亲决裂，自己率部下至南澳岛(今闽粤交界海域)，招募将士数千人，以福建金门、厦门为抗清基地，继续进行反清复明的斗争。

　　郑成功治军非常严谨，训练出一支战斗力极强的水陆精兵，屡次打败清军的围攻。当时，台湾被荷兰殖民者占领，百姓遭其蹂躏。郑成功分析当前形势，决定收复台

湾，将台湾作为抗清的根本之地。

　　1661年4月，郑成功亲率两万五千多名将士及数百艘战舰，由金门进军台湾。荷兰殖民者得到消息，将军队集结于台湾（今台湾东平地区）和赤崁（今台南地区）两座城堡，以阻挡郑军。郑成功勘查过台湾地形，了解到要攻打赤崁城，只有两条航道可进：一是南航道，这条航道港阔水深，船只可以畅通无阻，较易登陆，但荷兰军在此设有重兵，炮台密集；二是北航道，这条航道海水很浅，礁石密布，航船难行，荷兰军认为这里无法登陆，只派少量兵力把守。

　　郑成功分析形势后，毅然决定从北航道进发。他派出少量战船到南航道大造声势，装出要从那里进攻的样子，把荷兰军的注意力都吸引到南航道。而暗地里，他选择一个月黑星稀之夜，亲率主力舰队，趁海水涨潮之机迅速从北航道登陆，拿下北航道附近的鹿耳门。

然后，郑成功率主力一万余人通过大海湾，直插赤崁城北，向赤崁城发起猛烈攻击。荷兰驻台总督揆一派出三路军队向郑成功实施反扑，都被郑成功打退。郑成功又沉着部署，派军切断了赤崁城与台湾城的联系，最终迫使荷兰军缩在城堡里，不敢出战。之后，郑成功集结1.2万兵力将赤崁城团团包围，断绝荷兰军的水源，数日后，据守赤崁城的荷兰守将只得出城投降。

收复了赤崁城，郑成功又率大军直驱台湾城。台湾城是台湾的政治中心，城高3丈多，坚固无比。据守在这里的荷兰军企图凭借坚城利炮负隅顽抗。郑成功看到台湾城虽然坚固，但已成为一座孤城，断水断

■ 郑成功的战船。

粮，且城内只有800多名荷兰军。于是，郑成功改变策略，决定长期围困台湾城。他先分兵收复岛上其他失地，并先后两次击败荷兰殖民者派来的援军。在围困台湾城

■ 郑成功部队用过的藤盾牌。

八个月后，郑成功下令炮击台湾城外的重要据点乌德勒支堡，荷兰殖民者被困日久，无力抵抗，只得投降。

　　1662年2月1日，揆一在投降书上签字，台湾回归祖国的怀抱。同年6月，郑成功病逝。他以赶走荷兰殖民者、收复祖国领土台湾的功绩被载入史册，受到海峡两岸人民的世代景仰和纪念。**Celebrity**

成功密码

郑成功胆识过人，目光远大，善于利用天时、地利进行战略部署，攻敌于出其不意之间。在作战方法上，他或攻或守，或困或扰，始终将战斗主动权抓在己方手里。就是因为郑成功具备这种杰出的军事才能和战略思想，所以他创下了收复台湾这一不可磨灭的历史功绩。

甲午军魂
邓世昌

Deng Shi chang

人物档案

姓　　名：邓世昌
生 卒 年：1849~1894
籍　　贯：广东番禺（今广州市海珠区）
身　　份：爱国将领、民族英雄
重大成就：抗击日寇

　　邓世昌是广东人，家中有兄弟四人，他排行老三。他的父亲是个商人，经常带领子女往来于广州、上海等沿海城市，这为邓世昌创造了一个接受近代教育的良好条件。

　　1867年，江西巡抚沈葆桢出任福建船政大臣，创办了福州船政学堂，着力培养中国自己的造船和海军人才。邓世昌以优异的成绩被选入该学堂，在这里学习驾驶轮船技术。

　　邓世昌虚心好学，驾驶技术学得纯熟老道，得到李鸿章的赏识。1887年，邓世昌荣升北洋舰队"致远"号管带（即舰长），加入北洋海军的建设之中。

1894年春，朝鲜爆发东学党起义，朝鲜请求清政府派兵协助镇压。不料，日本也乘机出兵侵占朝鲜。7月下旬，日本军舰公然击沉中国驶往朝鲜的运兵船，挑起战争。8月1日，清政府向日本宣战，中日战争爆发。因为当年为中国旧历甲午年，故称"甲午战争"。

　　9月17日，北洋水师提督丁汝昌率北洋舰队护送清军赴朝，在返航途中于鸭绿江口的黄海海面上遭遇日本舰队，双方即刻展开一场规模空前的黄海大战。

　　战斗打响后不久，北洋舰队旗舰"定远"号的信号索具被日舰炮火击毁，舰队随之失去统一指挥。邓世昌率领"致

远"号独自冲锋陷阵，给日舰以猛烈的炮击，两艘日舰遭到重创，退出战斗。

战斗打到下午3时前后，北洋舰队各艘战舰都严重受伤，日军舰队占据上风。突然，一枚日军炮弹击中"定远"号要害，舰面燃起大火，形势非常危急。邓世昌为保护旗舰，下令将"致远"号驶到旗舰前面，迎对日军炮火的攻击。炮弹如雨点般落到"致远"号上，"致远"号水线以下被炸开几个大洞，海水滚滚灌入舱内。邓世昌却临危不惧，他一面指挥战斗，一面组织人修补破洞。

眼见"致远"号受创过重，随时都有沉没的危险，一个念头从邓世昌脑海里陡然而生：撞沉日舰"吉野"号！"吉野"号巡洋舰是日本联合舰队第一游击队的旗舰，也是北洋舰队最大的威胁，如果将其撞沉，势必改变

 甲午中日海战图。

Celebrity stories

战场态势。主意打定，邓世昌下令开足马力，带领全舰官兵向前面的"吉野"号直冲过去，打算与敌舰同归

■ 清代的大炮。

于尽。日军见状，顿时出现慌乱，几艘战舰同时向"致远"号开火。"致远"号不幸被鱼雷击中，中途沉没，邓世昌与全舰250多名官兵全部壮烈牺牲。"致远"号沉没后，北洋舰队其他战舰退出战斗。

　　邓世昌为抗击日本侵略者打响了最具影响的一炮，虽然中国在甲午海战中战败了，但邓世昌伟大的爱国主义精神和誓死反抗侵略的民族气节永远受到人民的敬仰和怀念，他的英名和功绩也永垂史册，流传千古。

Celebrity

成功密码

邓世昌虚心好学，学得精湛的战舰驾驶技术，这是他成为海军将领的首要一步。做了"致远"号管带之后，邓世昌勤于训练舰上官兵，治军有素，使"致远"号成为甲午海战中最具战斗力的一艘战舰。最值得敬仰的是，他以大无畏的精神率舰左冲右突，英勇抗敌，虽最终沉没，但得流芳百世。

?

地跨欧亚非的霸主
亚历山大大帝

人物档案

姓　　名：亚历山大

生 卒 年：前356~前323

国　　籍：古马其顿帝国

身　　份：马其顿国王、军事家、政治家

重大成就：建立地跨欧亚非的马其顿帝国

　　亚历山大是古希腊马其顿国王腓力二世的儿子，他从小就表现出非凡的智慧与强烈的征服欲。12岁的时候，他驯服了一匹别人都无法驯服的烈马。他最喜欢看描绘古希腊特洛

伊战争的荷马史诗《伊利亚特》和《奥德赛》，向往能像《伊利亚特》中的英雄阿喀琉斯那样建立伟大的功业。他那种想征服世界的欲望，不时地随着他年龄的增长而流露出来。到了16岁，亚历山大就跟随他的父亲四处征战，学习指挥战争的艺术。

　　公元前336年，腓力二世去世，20

岁的亚历山大登上帝立。他迅即带兵出击，平定了因腓力二世之死爆发的叛乱。之后，亚历山大便开始东征西伐。他把目光首先锁定在领土辽阔、资源丰富的波斯。

公元前334年，亚历山大开始了远征东方的行动。出发前，他把自己的所有财产都赠送给亲朋好友。一位将军不解地问："陛下，您把财产分光，给自己留下什么？"亚历山大回答："希望。我把希望留给自己，它将带给我无穷的财富。"将士们都被亚历山大的雄心壮志深深感染，决心追随他去东方掠夺财富。

当时，波斯拥有强大的海军，马其顿还没有足够强的舰

队来挑战波斯的制海权。于是，亚历山大决定从陆地上攻占所有东地中海的港口和基地。他指挥士兵抢渡江河，包围城市，让既能骑马又能徒步作战的"龙骑兵"深入敌军内部，再配合陆海军，快速出击，一路攻下叙利亚、巴勒斯坦，直抵埃及。途中，波斯皇帝大流士三世调集了几十万大军出现在亚历山大背后，切断了马其顿军的供应线。面对敌军强大的兵力，亚历山大指挥若定，在伊苏斯会战中，几乎全歼波斯军。大流士三世落荒而逃。

为了巩固后方，亚历山大没有穷追不舍，而是回身继续征服地中海沿岸港口，并很快攻下埃及。之后，亚历山大才率军向波斯腹地进发，与大流士三世在高加米地区展开最终的决战。大流士三世尚拥有30万的军队，但战斗力却远远不及马其顿军，这些军队都在亚历山大4万步兵和7千骑兵的顽强进攻下土崩瓦解。波斯帝国灭亡了，亚历山大又继续东征阿富汗、印度、小亚细亚等地区。

在数年的征战中，亚历山大发挥了他卓越的军事才能。他重编军队，提高了军队的战斗力：他发展了古希腊的军事体制和著名的方阵战术。他还非

■ 公元前326年，在希达斯佩战役中，亚历山大以寡敌众激战印度军。

常善于让骑兵、步兵和海军等不同兵种协同作战，发动最强大的攻势。在每次决定性的战斗中，亚历山大都身先士卒，冲锋陷阵，他的勇于冒险的精神极大地鼓舞了士气。所以，亚历山大征战10年，所向披靡。公元前325年，亚历山大以巴比伦为都城，建立起一个地跨欧亚非三洲的庞大帝国。

成功密码

亚历山大是中外历史上一位杰出的军事天才。他早年跟随父亲出征，为以后的征战打下良好的军事基础。更重要的是，他本人志存高远，自小就立下远大的志向，并且有勇有谋，具备指挥军队作战的杰出智慧。这些都是胜利女神始终站在他背后的主要原因。

军事战略之父
汉尼拔

人物档案

姓　　名：汉尼拔·巴卡
生 卒 年：前247~前183或前182
国　　籍：北非古迦太基国
身　　份：军事家
重大成就：翻越阿尔卑斯山，多次击败罗马军

　　汉尼拔出生在迦太基古国一个军事贵族家庭，他生活的年代正是罗马共和国崛起的时代，打败罗马，夺回失地，是当时迦太基人的军事目标。汉尼拔的父亲名叫哈米尔卡，是迦太基的著名将领，曾在西西里地区与罗马作战。

　　西西里岛被罗马占为立足点后，为了改善迦太基的现状，哈米卡尔决定出兵征服伊比利亚半岛。出征前，哈米卡尔带着汉尼拔来到朱庇特神殿敬献牺畜，仪式结束时，汉尼拔表示要与父亲一道出征。这时候的汉尼拔已经拥有了强壮的体格和坚忍的意志，而

且父亲神话般的战斗经历也令他十分神往。哈米卡尔见儿子意志坚决，便把他带到祭坛，让他对神发誓："等我长大成人之后，定要与罗马势不两立！"此后，这句誓言成为汉尼拔终身不渝的奋斗目标。

汉尼拔投身于军旅之中，在任职骑兵统帅期间，他学会了屯兵与各种实战战术，还掌握了用兵和治军的本领。同时，多年的军营生活也培养了他坚忍不拔的毅力和吃苦耐劳的精神，他的所作所为，使他深受士卒的爱戴。

公元前218年，罗马向迦太基宣战。这时，汉尼拔已成为迦太基主要的军事将领。罗马军本打算兵分两路，一路从西

西里进攻迦太基本土，一路从西班牙登陆，以牵制汉尼拔的军队。但汉尼拔却做了一个惊人的决定，他避开罗马军的主力，率军抵达阿尔卑斯山脉。在气候复杂和地形险峻的考验下，汉尼拔统率他那支种族混杂的雇佣军，翻越了阿尔卑斯山，完成了罗马人眼中绝不可能达成的任务。

　　翻越阿尔卑斯山后，汉尼拔的军队突然出现在帕杜斯河谷地内。当地的各个高卢部落刚刚臣服罗马，见状纷纷叛变，又脱离了罗马的管制。罗马的统帅闻讯，急忙派军返回意大利，打算在意大利北部拦截汉尼拔的军队。但汉尼拔却运用自己骑兵的优势，将罗马军赶出伦巴底平原。罗马军的失利加速了当地高卢人的叛变，不久之后，整个意大利北部的部落便全部倒向迦太基阵营。汉尼拔的军队得到补给，实力大大增强。

　　当年的12月，汉尼拔军与罗马军在特拉比亚河畔展开决

■ 汉尼拔领导的是一支雇佣军，但他凭借高超的战略智谋，赢得了一次又一次对战罗马军的胜利。

Celebrity stories

■ 迦太基战士的镀金盔甲

战。汉尼拔充分运用他过人的军事天赋，让骑兵骚扰罗马军营，诱使罗马军全线出击，进入他设下的陷阱。这次战斗，罗马军遭到沉重打击，全军伤亡超过三分之一。

公元前217年6月，汉尼拔又采取迂回战术，在意大利中部的特拉西梅诺湖畔设下埋伏，将罗马军引进了三面环山的峡谷中，在不到3个小时的时间里就将罗马军队全面击溃。

汉尼拔用兵如神，多次采用独到的战略战术击败罗马军，一度使罗马军一提到"汉尼拔"的名字便胆战心惊，不敢与之正面交锋。因为在军事上取得巨大的成功，汉尼拔也被称为"军事战略之父"。

成功密码

汉尼拔的辉煌战绩首先与他的家庭密不可分，父辈的影响和多年的军营生活为他成长为杰出的军事将领提供了先决条件。其次，他胆识过人，善于用兵，身先士卒，得到士兵的爱戴。更重要的是，在战争中他能准确分析敌我形势，随机应变，出奇制胜，这是他能打败敌军的独到之处。

奴隶者的领袖
斯巴达克

Spartacus

人物档案

姓　　名：斯巴达克

生 卒 年：? ~前71

国　　籍：古色雷斯国

身　　份：奴隶领袖

重大成就：领导奴隶起义

在古罗马奴隶社会时期，奴隶的地位非常低下，被称为"会说话的工具"。奴隶主为了取乐，建造了巨大的角斗场，强迫奴隶手握利剑、匕首相互拼杀。一场角斗戏下来，场上留下的是一具具奴隶尸体。

奴隶主的残暴统治，迫使奴隶们发动一次次武装起义。公元前73年，世界古代史上最大的一次奴隶起义——斯巴达克起义爆发了。斯巴达克是巴尔干半岛东北部的色雷斯人，在一次战争中被罗马人俘虏，卖为角斗士奴隶。他在罗马卡普亚城的一所角斗士学校，被迫同野兽和其他奴隶对打，遭受非人的虐待。

在忍无可忍的情况下，斯巴达克对同伴们

■ 角斗士的护膝

■ 反映罗马角斗士竞技情景的古画。

说："宁为自由战死在沙场，不为贵族老爷们取乐而死于角斗场。"角斗士们在斯巴达克的号召下，纷纷拿起厨房里的刀和铁叉，冲出了牢笼。他们在逃亡的路上正好遇上几辆装运武器的车子，就夺了这些武器武装自己。斯巴达克带领众人跑到卡普亚城外的维苏威火山，在那里安营扎寨，建立起一个稳固的阵地。

　　许多逃亡的奴隶和贫农都闻讯前来投奔，起义队伍由70多名角斗士迅速发展到近1万人。斯巴达克具有敏锐的军事眼光和杰出的军事才能，他将自己的队伍按照罗马军队的形式进行了改编，建立了步兵军团、骑兵、侦察兵、通信兵和小型辎重队等。除此之外，斯巴达克还对士兵们进行严格训练，制定了行军打仗的规章制度，并组织人力制造武器。大惊失色的罗马军对起义军进行了一次又一次进攻，都被起义军挡回去。起义军很快就控制了整个坎佩尼亚平原。

　　公元前72年初，斯巴达克率军开向阿普利亚和路卡尼亚，在那里人数达到12万。罗马元老院非常震惊，派遣两支军队讨伐斯巴达克。这时，斯巴达克权衡敌我双方力量，主张离开意大利，翻过阿尔卑斯山，摆脱罗马统治，或可返回家乡。但参加起义的一些当地人却不愿离开意大利，希望继续与罗马军作战。由于这种意见分歧，有3万人脱离了主力部队，不幸在伽尔伽努斯山下（阿普利亚北部）被罗马军队击溃。

斯巴达克的军队被削弱了，但他乘罗马军分散之际，采取各个击破的战略，将赶来镇压的两支罗马军击败。随后，斯巴达克率军北上，在齐扎尔平斯高卢省（北意大利）再次击溃罗马总督卡西乌斯的军队。因为翻越阿尔卑斯山有重重困难，斯巴达克最终也放弃原先的作战计划，挥兵南下。罗马统治集团惊慌失措，最后选任大奴隶主克拉苏斯

■ 古罗马竞技场遗址。

Celebrity stories

■ 罗马人的兵器和铠甲。

统率大军，镇压起义军。

公元前71年春天，斯巴达克率领起义军试图以突袭的方式占领意大利南部的港口——布林底西，以乘船渡海驶向希腊。但罗马元老院竭力想将起义镇压下去，又调集庞培的大军和路库鲁斯的部队来增援克拉苏斯。起义军寡不敌众，伤亡惨烈，但他们仍然英勇战斗。斯巴达克更是身先士卒，骑在马上左冲右突，后来他的大腿受了重伤，还坚持在地上屈着一条腿继续战斗，直至壮烈牺牲。

在罗马军队的疯狂围攻下，斯巴达克起义失败了，但斯巴达克反抗奴役的精神却永不磨灭，他影响着一代又一代奴隶奋起反抗，最终走向自由和解放。 Celebrity

成功密码

斯巴达克在被奴役的处境下，激发了强烈的反抗意识，这种以命相拼的反抗精神无疑具有极强的感染力和号召力，使得广大奴隶誓死拥护和追随。面对强大的敌军，斯巴达克建立起强大的军事组织，多次掌握主动权，打各个击破的反击战。所有这一切，相对他当时的处境来说，都是非常难能可贵的。

古罗马的战神
恺撒

Caesar

人物档案

姓　　名：盖乌斯·尤利乌斯·恺撒
生卒年：前100~前44
国　　籍：古罗马
身　　份：统帅、军事家、政治家
重大成就：打败庞培，执掌罗马

　　恺撒出生于罗马古老而著名的贵族世家，少年时期受过良好的教育，研习过有关行军打仗的兵法。他自小就有非凡的抱负和志向，喜欢阅读《亚历山大远征记》，渴望拥有像亚历山大大帝那样的荣誉和权力。

　　当时，政治家都要有雄辩的口才，恺撒为此孜孜不倦地学习。为了从当时最优秀的老师那里得到教益，恺撒曾孤身一人远离罗马，长途跋涉去求学。在他求学途中，不幸被海盗所劫。海盗将他扣为人质，向他父母索要750千克贵金属作为赎金。谁知，恺撒却对海盗们说："你们也太小看我了，我的身价至少值这个价钱的两

■ 凯撒率军征战图。

倍！"海盗们感觉简直不可思议，他们还是第一次碰到自己要求提高赎金的人质。恺撒被海盗们带到一个孤岛，完全与世隔绝，但他毫不畏惧，经常和海盗们说笑打闹，还向他们发表演说，展示自己的演讲技巧。

恺撒生活的时代，正是罗马奴隶制社会各种矛盾激化、社会危机四伏的时代。公元前78年，恺撒以他精明的政治头脑和独到的政治手腕跻身罗马政坛，与当时最有势力的克苏拉、庞培结成秘密的"前三头同盟"，反对元老贵族。公元前59年，他又当选为罗马的执政官。

恺撒不但具有政治才能，更具有杰出的军事才能，他于公元前58年出任高卢（内高卢，古代西欧地区名）总督。上任伊始，恺撒即开始大举扩张，先后发动8次远征高卢的战争。他利用高卢内部各个部落的矛盾，采取分化瓦解和武力征服相结合的方法，最终控制了整个高卢地区。在征高卢的战争中，恺撒获得巨额财富，并建立起一支战斗力强、忠诚可靠的庞大军队。

后来，克拉苏去世，恺撒与庞培的矛盾也加剧了。公元前49年，恺撒率军从高卢攻进罗马，庞培仓促应战，无力抵抗，逃到了希腊。恺撒占领罗马后，迅速率领6个军团进攻庞培留在西班牙的主力军队，庞培军队群龙无首，很快宣告投降。通过这场战争，恺撒保障了自己后方的安全，并掌握了战争的主动权。

■ 刻画罗马士兵征战情景的浮雕。

同年11月，恺撒决定对逃往希腊的庞培展开最终的决战，他率领7个军团出其不意地在希腊登陆。由于当时庞培的军队掌握着制海权，他的另一部分远征军未能及时登陆。但庞培没有利用这一有利时机，将恺撒的军队各个歼灭。而恺撒却在部队会合后，立即把庞培的几个军团围困在第拉希（今阿尔巴尼亚的都拉斯）的营垒里。这次围困长达 3 个月。恺撒见没有效果，转而撤兵，将庞培军队引出来。双方在法塞拉斯进行了一场决战，恺撒彻底击溃了庞培军队。庞培从战场逃出不久，在埃及被人杀死。

■ 在恺撒统治时期，雄鹰是罗马帝国强大力量的标志。

　　恺撒胜利结束了内战，成为罗马的终身独裁官。他征战一生，多谋善断，在世界军事史上留下盖世英名。*Celebrity*

成功密码

恺撒少年时代就怀有雄心大志，为了理想而孜孜以求、不断拼搏的精神，促使他成为罗马帝国的首脑人物。在解决战略问题时，他能审时度势，具有远见卓识。他的军队总是能迅猛、大胆、机动地追击敌军，集中力量给予敌军致命的一击。这些高超的军事指挥艺术，使他成为古罗马的战神。

俄罗斯的救星
库图佐夫

Kutuzov

人物档案

姓　　名：米哈伊尔·伊拉里奥诺维奇·库图佐夫

生 卒 年：1745~1813

国　　籍：俄国

身　　份：军事家

重大成就：击败法军，取得卫国战争的胜利

库图佐夫出身于贵族家庭，自幼酷爱军事，中学毕业后即进入炮兵工程学校学习。他天资聪慧，不但精通工程学和炮兵学，还熟读世界军事史，懂得法语、德语、拉丁语等各种语言。

在1768年至1791年之间，俄国与土耳其发生过两次战争，库图佐夫投身军旅，参与战斗。在此期间，他屡次冲锋陷阵，积累了丰富的作战经验，逐渐成为俄国很有名望的将领。其中在1774年，库图佐夫率军攻打土耳其要塞金布恩镇时，不幸身负重伤，右眼失明，成为"独目将军"，但这丝毫没有减弱他对军事的热情。

经过数年征战，库图佐夫培养了卓越的军事才能。他敢于大胆创新，非常重视在战斗中采用机动灵活的战略战术。

1812年，拿破仑率领法军以排山倒海之势攻打加入反法同盟的俄国，俄国战局非常紧张，俄皇亚历山大一世任命库图佐夫为俄军总司令，抵抗法军。

库图佐夫上任后，鉴于法军具有巨大优势，俄军又无后备兵力，不得不把军队撤到俄国内地。而拿破仑期望倚仗优势兵力，快速击溃俄军。为打破敌方这个计划，给己方缓冲的时间，库图佐夫采用零星交战和迂回机动的作战方法，牵制住法

■ 拿破仑率军进入莫斯科。

军。在得到部分援军后，他立即部署兵力，在莫斯科附近的博罗季诺击退法军的进攻。这一仗打破了拿破仑不可战胜的神话，极大地鼓舞了俄军士气。

不过，法军仍有很大的优势，而俄军没有足够的兵力、弹药和粮食，尚难与之抗衡。为保存实力，库图佐夫相继放弃了博罗季诺和莫斯科。他避开法军兵锋，率军集中到塔鲁季诺村地区，切断了法军进攻俄国南部地区的通道。

随后，库图佐夫积极准备反攻。他在短期内即组织了大量的后备军和义勇军作为兵力补充，在数量上形成对法军的优势。更重要的是，库图佐夫在此时做了一个大胆的军事创新，他将集中兵力的歼灭战改为小规模的游击战，甚至将部分正规

军转化为游击队，令其不断对法军进行骚扰。这一战法打破了拿破仑速战速决的计划，来势凶猛的法军欲战而不能，又被俄军

■ 亚历山大一世统治时期的莫斯科。

不断骚扰，精疲力竭，又由于缺乏粮食和冬装，士气低落，逐渐陷入困境。

1812年10月，库图佐夫见时机成熟，随即组织反攻。他让正规军和游击队配合作战，一举将法军全部击溃，将其赶出俄国。库图佐夫凭借卓越的军事才能，取得了卫国战争的胜利，使俄国免遭被法军灭亡的危险。

成功密码

库图佐夫热爱军事，勤于学习，在早期的军旅生涯中积累了丰富的作战经验。在与法军交战中，他审时度势，采取随机多变、机动大胆的战略战术，为取得战争的胜利发挥了关键的作用。可以说，库图佐夫不但战胜了拿破仑，还把俄国的军事学术研究提高到了一个新高度。

英国海军之魂
纳尔逊

人物档案

姓　　名：霍纳肖·纳尔逊
生 卒 年：1758~1805
国　　籍：英国
身　　份：海军将领
重大成就：遏制法国海军，保卫英国沿海

1758年9月的一天，在英国诺福克郡伯纳姆索埔小镇的一个牧师家庭诞生了一个男孩，他就是后来伟大的英国海军上将纳尔逊。纳尔逊自幼胆识过人，12岁即到舅舅的战舰上做了见习生。15岁时，他和一个探险队到北极探险，不料在冰原上与一头北极熊狭路相逢，其他人都吓得逃走了，唯有纳尔逊毫不畏惧，举枪托猛砸北极熊的头部，直到把它打跑为止。

纳尔逊的这种勇敢也表现在数次海战中，每次战斗，他都冲锋陷阵，战斗在第一线。1794年，纳尔逊参加了欧洲第一次反法同盟的对法战争。在夺取科西嘉岛的战斗中，飞来的弹片打伤了

■ 在与法西联合舰队交战中，纳尔逊不幸中枪，倒在甲板上。

他的右眼，造成右眼失明，但他伤好后继续参加战斗。

1797年，英国地中海舰队在大西洋圣文森特角同与法国结盟的西班牙舰队相遇，两军展开一场激战。在这次战斗中，纳尔逊果断采取行动，只身脱离队形冲向西班牙舰队，拦住其去路，并且勇敢地冲上敌舰，与敌人展开肉搏战。纳尔逊的行动为英国舰队取得最后的胜利起了决定性作用。

1799年，拿破仑取得法国军政大权后，不断向反法同盟成员国发动反攻，几乎所向披靡。而纳尔逊作为一名英国将领，凭借他的机智和勇敢，数次击败法国舰队，使法军无法从海路登陆英国。

1805年10月，法国、西班牙联合舰队离开西班牙加的斯港，企图通过直布罗陀海峡前往地中海，配合拿破仑在意大利的军事行动。纳尔逊获悉后，立即指挥英国舰队到加的斯港以西的特拉法尔加海域备战。10月21日，就在双方准备开战之际，法西联合舰队的司令为了己方能够随时撤入加的斯港，竟下令让舰队180度转向。这不仅严重影响了舰员的士气，而且使联合舰队的队形陷入混乱之中。纳尔逊抓住这一机会，即刻发动攻击。他给予各舰舰长随机行事的权力，要求他们大胆打破传统的线阵式队形，果敢地实施机动和穿插。

战斗开始后不久，英舰"皇家君主"号率领的下风纵队突入联合舰队的阵线，但却陷入重围，情况危急。纳尔逊立即率"胜利"号从北面发起进攻，袭击联合舰队的中部，将其

■ 英、法海战图。

拦腰斩断。12时30分左右，"胜利"号一通炮击将联合舰队旗舰"布桑托尔"号的火炮甲板摧毁。随后，"胜利"号与上前来救援的法舰"敬畏"号脱离了战线，其

■ 在特拉法尔加海战中，法、西联合舰队的旗舰遭到纳尔逊的重创。

他英国战舰则趁机冲进联合舰队的阵形中。

"胜利"号同"敬畏"号打起残酷而激烈的接舷战，纳尔逊亲自到甲板上指挥战斗，不幸中弹倒下。而这时，英国舰队已将联合舰队分隔包围，胜败已成定局。纳尔逊以身殉国，他被英国人民奉为"皇家海军之魂"，永受怀念。

成功密码

纳尔逊是古今中外海军杰出的将领之一，他以过人的勇气和身先士卒的精神赢得崇高的威望。在每次战斗中，纳尔逊都能运用谋略，采取不拘泥于教条的战略战术，以寡敌众，以弱致强。他的不拘一格和大胆创新是取得战争胜利的关键所在。

铁蹄踏遍欧洲的战神
拿破仑

人物档案

姓　　名：拿破仑·波拿巴
生 卒 年：1769~1821
国　　籍：法国
身　　份：军事家、法兰西皇帝
重大成就：建立法兰西第一帝国，多次打败反法联军

"不想当将军的士兵不是好士兵"。这是拿破仑的一句名言。从这句话中，我们不难看出拿破仑的雄心壮志。他就是从一个普通的少尉成为法兰西帝国皇帝的。

拿破仑9岁的时候就被送军校接受教育，15岁即以优异的成绩毕业，然后到巴黎高等军事学校专攻炮兵学。他热爱军事，又天资聪慧，一般学员要花3年才能考取军官资格，而他只用了一年时间。

之后，拿破仑作为皇家炮兵少尉随部队到各地驻防，在此期间，他阅读了许多启蒙思想家的著作，受影响颇大。1795年，拿破仑在

■ 1797年，拿破仑率军远征埃及，打算从那里攻打英国。

督政官的支持下，平定了保王党武装叛乱，一举成为陆军中将兼巴黎卫戍司令，在军界和政界崭露头角。

拿破仑是一位天生的军事家，善于将各种军事策略运用于实战之中，尤其具备发现敌人失策的敏锐洞察力，并能以闪电般的速度给敌人以毁灭性打击。1796年，拿破仑作为总司令，率军去迎战参加反法同盟的奥地利军队。双方在意大利要塞曼图亚展开一场激烈的争夺战。

奥地利皇帝为阻遏法军，派老将维尔姆泽率6万大军支援曼图亚。奥军分三路而来，在兵势上绝对优于法军。但这三路军队却很分散，彼此无法驰援，拿破仑看到这一点，立即放弃对曼图亚的围困　率主力急行军突袭其中一支奥军，获胜后又反扑回来。他用集中兵力、各个击破的策略战胜了维尔姆泽。之后，奥地利又派来6万大军支援，拿破仑依旧用同样的战术打退了奥军。

这一战后，拿破仑的威信越来越高，成为法兰西人的新英雄。1799年，他趁法国国内和国外局势紧张之际，发动了雾月政变，成为法国的实际独裁者。1804年，拿破仑又加冕为皇帝，建立法兰西第一帝国。

　　由于利益上的对立，奥地利、英国、俄国又于1805年组成了第三次反法同盟，拿破仑离开巴黎，亲自挥军东进。12月2日，法军与俄奥联军在奥地利奥斯特里茨小村一带相遇。当时，法军在兵力上处于劣势。拿破仑反复研究了战场的地形，并反复分析敌方的部署和意图。为进行反击创造条

■ 拿破仑向开赴奥斯特里茨战场的军队致意。

件，他故意引诱敌军来攻打自己兵力薄弱的地方，而趁敌军兵力空虚之际，集中兵力攻打对方阵营的中段。双方经过异常激烈的数次争夺战，拿破仑最终取得奥斯特里茨战役的胜利。第三次反法同盟瓦解，法国取得欧洲大陆的控制权。

之后，拿破仑又率军打败第四次、第五次反法同盟，铁蹄横扫奥地利、西班牙等欧洲国家。虽然最后拿破仑在滑铁卢一役中战败，失去统治权，但他却始终是世人眼中一位无可争辩的战神。

成功密码

拿破仑天才般的军事才能首先得益于他早年在军校的训练和学习。其次，他善于抓住时机，发挥自己在政治和军事中的作用。在每次战役中，拿破仑更善于迷惑敌人，将各个击破、兵贵神速这一战术运用得出神入化，所以他能屡出奇兵，无往不胜。

Wellington

滑铁卢的胜利者
威灵顿

人物档案

姓　　名：亚瑟·韦尔兹斯

生 卒 年：1769~1852

国　　籍：英国

身　　份：军事家、英国陆军元帅

重大成就：取得滑铁卢战役的胜利

　　威灵顿出生于爱尔兰的一个贵族家庭，小时候并不聪明，是一个大人眼中不成器的孩子，成绩很差，排名倒数，就连在运动场上也只配给别人当"拉拉队"。家人和老师都认为他是个笨蛋。父母一气之下，把他送到了军校，说他只能做"战场上的炮灰"而已。但威灵顿却不认输，他自己认定，只要在军队坚持下去，就一定能够出人头地。

　　25岁时，威灵顿成为一名陆军中校。1803年，英国发动了对中印度马拉特联盟的战争，作为主帅的威灵顿以4000英军击败了印度的4万大军。这次出色的表现使他赢得很高的声望，再也没人认为他是个"笨蛋"了。

■ 滑铁卢大战场景。

1808年，威灵顿在伊比利亚半岛指挥英西葡联军同拿破仑的军队作战。在6年时间里，他灵活运用防御战术，多次主动撤退和适时进攻，以弱势兵力连续击败了拿破仑麾下的6位战功卓著的将帅。

1815年，战败的拿破仑逃回法国，重新集结了十几万军队。英、俄、普、奥等国得知消息，立即组织起第七次反法同盟。同年6月，以拿破仑为统帅的法国军队和以威灵顿为统帅的欧洲联军，在比利时的滑铁卢小镇遭遇，一场改变历史的惊心动魄的大战就在这里上演了。

当时，威灵顿指挥约10万欧洲联军驻扎在滑铁卢的一个山岗上，而12.5万拿破仑大军则驻扎在对面的丛林中。为抢占先机，拿破仑于18日上午发动攻击，一次次指挥法军冲向山岗。而威灵顿坐镇岗上，也一次次指挥联军击退法军。因为前一天下过一场大雨，道路泥泞，形势对法军不利，威灵顿则抓住这一对己有利的形势，坚持战斗。战局几经反复，厮杀异常激烈，双方都几乎战斗到筋疲力尽，只能等待援军的到来。

大战持续了约12个小时，拿破仑一直等待的部下格鲁希的军队迟迟没有出现，而威灵顿却坚持等来了普鲁士将军布吕歇尔的援军。当法军得知黑压压赶来的是普鲁士军队时，部队开始退却，但尚有一定秩序。威灵顿在山岗上清楚地看到这

■ 在滑铁卢战役中失败的法军。

一形势，立即抓住这一关键时刻，骑马走到坚守住的山头前沿，脱下帽子，在头上向着退却的敌人挥动。他麾下的士兵立刻明白了主帅这一预示着胜利的手势，所有剩下的欧洲联军一下子全都跃身而起，向着溃退的敌人冲去。与此同

■ 今日之滑铁卢狮子岭。

时，普鲁士骑兵也从侧面向疲于奔命的法军冲杀过去，仅仅几分钟，法军便四散溃逃，拿破仑无奈地率1万残军退回巴黎。

　　滑铁卢一战，拿破仑被迫结束了政治生命和军事生涯，而威灵顿则为自己赢得了战胜不可一世的法国皇帝的声誉，他的名字同"滑铁卢"一起被载入世界史册。Celebrity

成功密码

威灵顿自小愚钝，是人们眼中的"笨蛋"，但他并不放弃自己，坚定信念，不断通过学习和实践提升自己，最终成为英国陆军元帅。在滑铁卢一役中，威灵顿面对赫赫有名的战神拿破仑，指挥沉稳，利用有利形势将法军死死抵住，战局虽几经变化，但他坚持战斗，绝不放弃，最终赢得了战争的胜利。

南美洲的民族解放者
玻利瓦尔

Bolivar

人物档案

姓　　名：西蒙·玻利瓦尔
生 卒 年：1783~1830
国　　籍：委内瑞拉
身　　份：南美独立战争领袖
重大成就：解放委内瑞拉、哥伦比亚、厄瓜多尔等国家

　　早在16世纪，中南美洲的大部分土地就落入西班牙殖民者之手，那里的国家和民族都遭受着残酷的殖民掠夺和剥削。

　　1783年，玻利瓦尔出生于南美殖民地委内瑞拉的一个大地主、大资本家家庭。他长大后，先后到西班牙、法国、意大利等国家留学，吸收了很多进步的革命思想。玻利瓦尔深刻感受到国家遭受殖民掠夺的屈辱，激起强烈的反抗殖民统治的决心。他曾发下誓言："不打碎西班牙殖民者束缚我的祖国的枷锁，我的心将不安宁，我的手将不倦地打击敌人！"

■ 南美独立战争场面。

1806年，玻利瓦尔从欧洲返回祖国，立刻投身于反抗殖民统治、争取民族独立的斗争中去。他先后参与组建了委内瑞拉第一、第二共和国，但都因殖民者的打击而失败。他不得不流亡牙买加、海地等国家。

1816年，在海地总统的支持下，玻利瓦尔又率领一支200多人的队伍返回委内瑞拉。这次，他吸收以前失败的教训，决心彻底赶走殖民者。他对战友们说："我们不仅要解放委内瑞拉，还要解放新格兰纳达（现在的哥伦比亚）、厄瓜多尔、秘鲁等被西班牙人奴役几百年的地区。我相信，只要南美大陆上的人民团结起来，就一定能够取得最后的胜利。"

为了壮大斗争基础，玻利瓦尔宣布废除奴隶制，号召全体黑人起来为争取自由而斗争。他还许诺分给革命军战士土地，取消印第安人的人头税等。这些措施获得了社会各阶层的拥护，大大加强了革命斗争的实力。

在军事上，玻利瓦尔采取了更为有效的战略原则，他不再去攻击大城市、与敌人硬拼，而是把部队引入了殖民者防守薄弱的奥里诺科河（南美洲的重要河流）流域。

1818年10月，玻利瓦尔在安哥拉成立委内瑞拉第三共和国。这时，黑人、农民、手工业者、城市小资产阶级等都加入了他的抗争队伍，玻利瓦尔信心更强、斗志更坚。第二年，他率领2000名革命军经过长途跋涉，克服千难万险，翻越了安第斯山，给驻守在山那边的新格兰纳达地区的西班牙军一个突然袭击。西班牙军队仓促应战，很快就溃败了。玻利瓦尔乘胜

■ 美洲殖民地人民的生活情景。

追击，立刻向波哥大进军，经过艰苦的鏖战，革命军占领了波哥大，解放了哥伦比亚地区。

接着，玻利瓦尔率军回师委内瑞拉，以强大的攻势横扫委内瑞拉全境，解放了全国。至此，玻利瓦尔的斗争并没有停息，仍为南美洲的全体解放而坚持战斗。

■ 西班牙殖民者。

他率军解放了厄瓜多尔，之后又为解放秘鲁而浴血奋战。

玻利瓦尔一生参加过大小470多次战斗，为南美洲的民族解放立下了不朽功勋，也为世界人民抗击殖民侵略树立了榜样。他被南美洲人民誉为"解放者"。

成功密码

哪里有压迫，哪里就有反亢。玻利瓦尔就是在备受殖民者侵略的环境下成长起来的，他具备顽强的决心和坚持抗争的毅力。在斗争中，他注重从失败中汲取教训，避敌锋芒，唤醒民众的斗志。并且，每解放一个地区，他便巩固一个地区，做到步步为营，最终将侵略者彻底赶出南美洲。

血胆将军
巴顿

人物档案

姓　　名：乔治·史密斯·巴顿
生 卒 年：1885~1945
国　　籍：美国
身　　份：军事家、美国上将
重大成就：指挥西西里岛登陆，突破"齐格菲防线"

　　巴顿是美国加利福尼亚州人，自幼就立下要成为一名将军的志愿。巴顿家有一个牧场，他在牧场里练就了精湛的骑术，也形成了粗犷、豪放的性格。18岁那年，巴顿进入弗吉尼亚军事学院学习，一年后被保送到西点军校。在学校里，巴顿认真研读有关军史、战略和战术方面的书籍，并一丝不苟地练习队列操练的要领。

　　巴顿认为，军人必须勇猛无畏，从步入军界起，他就给自己立下一个座右铭："不让恐惧左右自己！"第一次世界大战期间，巴顿在美国名将约

翰·潘兴的领导下，组建了坦克部队。从此，他对坦克的性能和用法以及装甲兵在作战中的运用有了深刻认识和独到见解。

第二次世界大战期间，美国第2军在突尼斯被德军打得落花流水，艾森豪威尔调巴顿接任第2军军长。巴顿到任后，为恢复士气，首先下令整顿军纪，规定每个军人必须随时戴钢盔、扎绑腿，连护士也不能例外。

在他的指挥下，这支美军队伍士气高涨，连战连捷，与英军配合歼灭德军25万人。同年7月，美英盟军制定了在意大利的西西里岛登陆作战计划。巴顿奉命在该岛南端登陆，将岛上敌军切为两段，配合蒙哥马利作战。他兵分两路，一路由布莱德利率领美第2军在西西里岛中部支援英军，一路由凯斯将军率领一个暂编军直取西西里首府巴勒莫。

在蒙哥马利正面进攻意大利重镇墨西拿受阻之时，巴顿改助攻为主攻，率军一路奋进，抢在蒙哥马利之前攻占了墨西拿。美英盟军经过浴血奋战，最终占领了西西里岛，迫使意大利投降。

1944年1月，诺曼底登陆战役前夕，被任命为第3集团军司令的巴顿将自己的部队编成若干坦克群，命部下以最快的速度向前方推进。虽然他的任务只是向西攻占法国西部的布列塔尼地区，但他认为用这么多兵力去占领一个地区实在浪费。于是，他派了一个军向西发展，另派一个军去攻占东面的布列塔尼首府雷恩，接着又夺取了东南方的翁热。

巴顿的进攻精神和运动战速度终于把局部的突破变成了全面运动战。他指挥部队拼命进攻，一路不停，在补给和燃料不足的情

■ 巴顿与士兵。

Celebrity stories

■ 美国"挑战者"主战坦克。

况下，率军渡过莫斯里河并攻占南锡。11月，巴顿军进至德军的齐格菲防线，又经过一个多月的进攻，抢在友军之前渡过莱茵河，长驱直入德境。此后，德军全面崩溃，第二次世界大战胜利在望。

巴顿作战勇猛顽强，指挥果断，富于进攻精神，善于发挥装甲兵优势，实施快速机动和远距离奔袭。他领导的作战行动，为盟军赢得第二次世界大战的胜利做出了不朽的贡献。他曾说："赢得战争靠两样东西，那就是胆量与鲜血。"所以，他被誉为"血胆将军"。Celebrity

成功密码

巴顿具有超凡的勇气和胆量，他自幼的志向和少年时期的锻炼为他步入军旅打下坚实的基础。在作战中，巴顿不甘只做配角，他雷厉风行，利用装甲兵的优势，果断地指挥军队一路进攻到底，将自己所率部队的力量发挥到极致。正是这种勇往直前的进攻精神，使他创造了一个个战争神话。

捕捉"沙漠之狐"的猎手
蒙哥马利

人物档案

姓　　名：伯纳德·劳·蒙哥马利
生 卒 年：1887~1976
国　　籍：英国
身　　份：军事家、英国陆军元帅
重大成就：扭转北非战局，领导诺曼底登陆战役

　　蒙哥马利的父亲是一位牧师，而他的母亲是一位性格刚毅的女性，对孩子们管教非常严格，这对蒙哥马利的性格产生了极大的影响。

　　蒙哥马利14岁才开始在伦敦正式上学，他的文化成绩并不理想，体育运动方面却有不错的表现。3年后，校方给他的评语是：一个与年龄不相称的落后学生。这一评语对蒙哥马利产生极大的触动，他从此开始潜心学习，并最终考上了桑德赫斯特军事学院，实现了自己想当一名军人的愿望。

　　在军校，蒙哥马利开始意识到生活是严峻的斗争，必须通过艰苦的工

■ 蒙哥马利与艾森豪威尔等策划进军欧洲大陆行动的将领们在一起。

作和绝对的正直才能获取成功。他没有别的兴趣和爱好，只是把自己全副身心投入到军人这一职业当中。

第一次世界大战爆发后，蒙哥马利随英国远征军开赴法国前线，参加了对德作战。在战斗中，蒙哥马利多次受伤，但战争让他迅速成熟起来。战后，他又到坎伯利参谋学院深造，把军事学习和军事训练放在生活中的第一位。

第二次世界大战爆发时，蒙哥马利已经是英国一名出色的将领，他率领远征军第3师横渡英吉利海峡，参加了在法国和比利时的战斗。

1942年，在北非沙漠中作战的英国第8集团军，被号称

"沙漠之狐"的德国名将隆美尔打得溃不成军。蒙哥马利被任命为第8集团军的新司令，与隆美尔作战。隆美尔以进攻迅速、战术巧妙著称。为了对付他，蒙哥马利先从英国密码破译专家那里了解了隆美尔战术计划的全部概况，而后他精心积聚力量，在阿拉曼地区与隆美尔率领的德意军队展开激战。因为准备充分，战略得当，蒙哥马利一举挫败了隆美尔，从而扭转了北非的战局。他由此声名大震，被人们誉为捕捉"沙漠之狐"的猎手。

1944年6月，盟军发动诺曼底登陆进攻战役，蒙哥马利负责全盘指挥陆军的地面战斗。6月12日，盟军在诺曼底的几个滩头连成一条阵线，蒙哥马利于两日后率第21集团军在诺曼底成功登陆，然后与其他盟军协同作战，最终取得诺曼底登陆战役的全面胜利。此后，蒙哥马利转战西北欧。1945年3月，他又指挥第21集团军横渡莱茵河进入德国本土，向波罗的海进发。5月，

■ "二战"中的美英联军。

驻荷兰、德意志西北部和丹麦的150万德军向蒙哥马利投降。

蒙哥马利一生征战无数，始终是一位谨慎、彻底的战略家。他坚持在每次出击以前，在人力、物力上做好充分准备。他强调鼓舞部队士气，认为发挥人的积极性是取得胜利的重要因素。他做将军时，从来不大声呵

■ 盟军在诺曼底登陆的场面。

斥，而是善于将自己的决心播撒到每一名士兵的心里，使其变成他们自觉的行动。蒙哥马利以他的为将之道和立下的赫赫战功，备受世人的尊敬。

成功密码

蒙哥马利性格坚毅，个性倔强。他能在同辈中出人头地，非常重要的一点是具有常人所不及的敬业精神。自从他进入军校那一天起，就把军事作为自己毕生的事业而为之奋斗。正是因为具有这种专注而执著的精神，才使他在战争岁月的磨练中成长为一名杰出的军事将领。

盟军的统帅
艾森豪威尔

人物档案

姓　　名：德怀特·戴维·艾森豪威尔

生卒年：1890~1969

国　　籍：美国

身　　份：军事统帅、美国第34任总统

重大成就：指挥北非、地中海和诺曼底登陆战役

艾森豪威尔是得克萨斯州人，自幼家境贫寒。他和几个兄弟姐妹经常遭到其他孩子的嘲笑。但他们都善于打架，能迅速地用拳头维护自己的尊严。少年时代的生活培养了艾森豪威尔坚毅、顽强、好斗的性格。中学毕业后，为减轻家庭负担，他选择了免费录取他的西点军校，在学校接受了严格的军事训练。

第一次世界大战期间，巴拿马地区的司令看中了艾森豪威尔的军事才华，邀请他到巴拿马服役，并给予他特殊的栽培。又经过几年的认真学习和刻苦训练，

艾森豪威尔成为一名成熟而出色的军事人才。

1930年，他开始担任美国陆军参谋长麦克阿瑟的助理，并随麦克阿瑟去菲律宾组建军队。在此期间，艾森豪威尔积累了丰富的参谋工作经验。第二次世界大战爆发后，他回到美国，担任第3集团军的参谋长。他独力组织了大规模的军事演习，得到了陆军参谋长马歇尔的赏识。

1942年8月，在北非战场形势不利的情况下，艾森豪威尔被任命为实施北非登陆的盟军最高司令。这是他第一次单独指挥作战，但一上任便马到成功，美英联军很快在北非顺利登陆，艾森豪威尔也由此声名鹊起。

Celebrity stories

艾森豪威尔坚定、果断，宽宏大量，善于指挥各个军团协同作战，充分发挥各部队的作用。在与各盟国的合作中，他都表现出卓越的军事、外交才能。他曾不顾可能产生的政治批评，决定承认正在北非的法国维希政府（法国战败后，德国扶植的傀儡政府）海军上将达尔朗为该地区的法国最高统帅，从而消除了阻力，加速了盟军在北非的进展。1492年底，盟军在北非凯塞林隘道之战中失利，他毫不动摇，及时采取措施，派巴顿将军接替了不称职的原第2军军长。

1944年1月，艾森豪威尔任盟国远征军最高司令，开始着手准备诺曼底登陆战役。在组建盟军最高司令部后，艾森豪威尔意识到制空权是非常重要的，他以果断、强硬的态度将美国、英国和其他国家的空军都归于自己指挥之下。在作战计划上，艾森豪威尔又提出"霸王"作战纲要，对兵力如何部署作了周密的安排。

大战原定发起日

为6月5日，但在6月4日的盟军作战会议上，艾森豪威尔根据气候形势变化，果断地将日期改为6月6日。战斗的第一天清晨，盟军的伞兵和空降部队首先在诺曼底着陆，接着是

■ 在诺曼底登陆战役中，美军登陆奥马哈滩。

海空军进行炮击轰炸，然后12万盟军战士在海空军的火力掩护下向诺曼底海滩发起冲击，到深夜就取得登陆成功。

艾森豪威尔戎马半生，以一位最高统帅的风范，高屋建瓴，出色地指挥了北非、西西里岛、诺曼底登陆等重要战役，为打败法西斯做出了杰出贡献。 **Celebrity**

成功密码

艾森豪威尔长于贫困之家，年少的生活培养了他坚毅、好强的品格。他努力奋斗，敢于拼搏，最终在军界和政界找到自己的位置。他善于协调，具有统一指挥各个将才的主帅风范，更具备从全局分析战争、制定作战方针的深谋远虑，这是他在"二战"中多次取得决定性战役胜利的重要原因。

二战中的苏联战神
朱可夫

人物档案

姓　　名：格奥尔吉·康斯坦丁诺维奇·朱可夫
生 卒 年：1896~1974
国　　籍：苏联
身　　份：军事家、苏联陆军将领
重大成就：指挥列宁格勒、斯大林格勒等保卫战

朱可夫是苏联历史上一位卓越的军事家和战略家，曾为苏联卫国战争和世界反法西斯战争做出过突出的贡献。他小时候家境贫困，很早就去做皮匠学徒，承担起生活的重担。但他在空闲时间从来不忘学习，自学了全部的中学课程。

1917年，俄国爆发了二月革命，沙皇专制制度被推翻，朱可夫志愿加入了苏联红军。在与白军的战斗中，朱可夫奋勇杀敌，逐渐晋升为军官。朱可夫治军严谨，管理有方。一次，他穿着学员兵的裤子到骑兵团任排长，当全排集合后，几个士兵盯着他的红裤子暗暗发笑，朱可夫严肃地说："我

■ 朱可夫代表苏联在德国投降书上签字。

■ 入侵苏联的德国士兵。

知道你们不喜欢红裤子，我也不喜欢。但政府发给我什么，我就穿什么。至于我是优秀的排长还是低劣的排长，你们是优秀的士兵还是低劣的士兵，是以战功而不是裤子来衡量的。"几天后，朱可夫率全排同海边的白军残匪作战，他身先士卒，很快肃清了敌人。从此再也没有人笑他的红裤子了。

朱可夫担任第39团团长时，有一次检查警卫队的队容，发现一名战士没有擦靴子，他就让人拿来一条板凳和擦鞋工具，亲自替这个二兵把靴子擦亮了。朱可夫没有下任何强制命令，却通过这件事把全团治理得井井有条。

1938年，第二次世界大战爆发前夕，日本军队在有苏联驻军的蒙古国边境制造摩擦，朱可夫被派往边境，组织对日反击。他指挥苏联军队大量使用装甲兵，进行闪电战似的立体机动作战，最终成功合围日军，取得胜利。这一战役在一定程度上迫使日本放弃了北进意图，使苏联在"二战"中免遭腹背受敌的局面。朱可夫也因此荣获"苏联英雄"的称号。

1941年8月下旬，希特勒调集大量兵力向苏联的列宁格勒发动猛烈攻势，扬言要攻占列宁格勒。很快，列宁格勒陷入德军的三面包围之中。在这严峻的形势下，朱可夫接任列宁格勒方面军司令员，他做出的第一个决定是：即使战至最后一人，也要守住列宁格勒。他毫不留情地撤换了两位集团军司令员，逮捕和处决了一些擅自撤退的军官，并迅速拟定了守城计划。在他的指挥下，大批海军军人离舰上陆，一部分高射炮也调到高地上用于

■ 苏联坦克。

打德军坦克，所有有效兵力都被用于重点防御和反击。朱可夫用他那高昂的斗志带动了下属和全城人民，最终稳住了列宁格勒西南和南面的战线，击破了德军想一举夺取列宁格勒的计划。

随后，朱可夫又转而投身到莫斯科保卫战、斯大林格勒会战等重要战役中。他以自己协调指挥作战的能力，成功粉碎了德军的侵略，并率领苏军攻到柏林。

■ 苏联战士。

苏联取得反法西斯战争的胜利，朱可夫也被作为俄罗斯民族英雄载入史册。他就像是战场上的一面胜利的旗帜，为世代后人所敬仰。

成功密码

朱可夫少小贫困，却磨炼了坚强的意志和上进的决心，这是他走向成功的最重要一步。在治军上，他不说空话，善于用行动来教化士兵，凝聚军心。在用兵上，他行动果敢，善于抓住有利时机来牵制和歼灭敌人。朱可夫组织指挥大军团作战的卓越才干，使他成为"二战"中叱咤风云的名将。

图书在版编目（ＣＩＰ）数据

军事将领 / 龚勋主编. —南昌 ： 江西教育出版社，
2016.11

（影响孩子一生的中外名人成才故事）

ISBN 978-7-5392-9143-7

Ⅰ. ①军… Ⅱ. ①龚… Ⅲ. ①军事家－生平事迹－世
界－儿童读物 Ⅳ. ①K815.2-49

中国版本图书馆 CIP 数据核字 (2016) 第 278527 号

军事将领
JUNSHI JIANGLING

龚勋　主编

- -

江西教育出版社出版

（南昌市抚河北路 291 号　　邮编：330008）

各地新华书店经销

北京市松源印刷有限公司印刷

889 毫米×1194 毫米　32 开本　4 印张　字数 100 千字

2016 年 12 月第 1 版　2016 年 12 月第 1 次印刷

ISBN 978-7-5392-9143-7

定价：16.00 元

- -

赣教版图书如有印装质量问题，请向我社调换　电话：0791-86710427

投稿邮箱：JXJYCBS@163.com　　　来稿电话：0791-86705643

网址：http://www.jxeph.com

赣版权登字-02-2016-680